それでもバカとは戦え

適菜 収
Osamu Tekina

日刊現代／講談社

はじめに

以前、書店に行ったら、『頭に来てもアホとは戦うな！』という本が平積みになっていた。

たしかにアホと戦うのは面倒だ。議論して勝ったところで連中は改心しないし、逆恨みされるだけ。時間の無駄だし、ストレスの原因にもなる。合理的に考える人間はアホとは戦わないと思う。

しかし、それでも戦っている人たちがいる。合理より大切なものがあると考えるからだろう。

バカを放置するのか、それとも戦うのか。

多くの人が同じような悩みを抱えてきた。

ドイツの哲学者フリードリヒ・ヴィルヘルム・ニーチェが書いた『ツァラトゥストラ』もそういう話だ。賢者ツァラトゥストラは、バカに説教しても無駄だと俗世に呆れ果てて隠遁する。しかし、それでも人間の可能性を捨てきれず、再び語りだす。そこにあるのは人間愛・人類愛だ。守りたいもの、愛するものを持っている人間は戦う。それはニヒリストが考えるようなカネで換算できる価値ではない。

程度の差こそあれ、人間の営みとはそのようなものだと思う。自宅の前にゴミが落ちていたら、ほうきとちり取りで掃除をする。放っておけば風で吹き飛んでいくかもしれないし、誰かが片付けるかもしれない。掃除したところで時間がたてばまたゴミが増えていく。それでも掃除をする。

これも日々の生活に対する愛だ。

バカと戦ったところで、バカがいなくなるわけではない。社会のダニを批判したところで、日本がよくなる保証もない。それでも、目の前にあるゴミは片付けなければならない。

あくまでイメージだが、歯の隙間に橋下徹《はしもと》が挟まっていたら嫌だろう。つまようじや歯ブラシでかき出そうとする。ハエが飛んでいたら殺虫スプレーをシューッとするし、ゴキブリがいたら新聞紙を丸めて叩き潰す。そこでは行為と目的は一致している。

ニーチェは、現代は「排泄する力をもはやもたない一つの社会」(『権力への意志』)だと言った。排泄物をため込めば、今のようなクソまみれの社会になる。国家の解体はすでに最終段階に入った。

平成の30年にわたる「改革」のバカ騒ぎにより、わが国は三流国家に転落し、新型コロナが猛威を振るう中、ついには東京五輪を強行するという狂気に突き進んでいった。

もはや手遅れである。

それでも、事なかれ主義と「大人の態度」を投げ捨て、バカとは戦わなければならない。これは人間の尊厳に対する義務なのだ。

2021年8月

適菜 収

目次

第3章 国民を騙し続ける言語道断の詐欺集団に鉄槌を

2019年7月〜9月

第4章 「桜を見る会」でいよいよ詰んだ悪夢の政権 …… 73
2019年10月〜12月

第5章 コロナ禍のどさくさ紛れで悪あがきする魑魅魍魎 …… 93
2020年1月〜3月

第6章 パンデミックを加速させるお粗末なリーダーたち

2020年4月〜6月

第7章 安倍時代の終焉と呆れるしかない後継者の名前……133

2020年7月〜9月

第8章 バカのあとにバカが総理となった日本の緊急事態……157

2020年10月〜12月

第1章

2019年1月〜3月

平成末期を汚し続けた恥知らずの「安倍一味」

JMPA

●この期間の主な出来事

1月11日：フランス司法当局が、竹田恒和JOC会長に対し刑事訴訟手続開始
1月22日：安倍首相がロシアを訪問し、プーチン大統領と会談
1月28日：平成最後の通常国会が召集される
2月24日：「天皇陛下御在位三十周年記念式典」開催される

＊本文中の年齢、肩書、役職、組織名などはすべて当時（以下同）

▼2019年1月12日

安倍寄り作家「百田尚樹」のトンデモ本騒動

2018年末の安倍晋三のツイートを見て飲みかけのみそ汁を噴き出した。巷で話題のトンデモ本、百田《ひゃくた》尚樹の『日本国紀』を紹介していたからだ。初版25万部の事故本を売りさばく作戦か？

2018年11月の刊行なのに、帯に「平成最後の年に送り出す」とあるのは愛嬌だが、「私たちは何者なのか――。」というあおり文句には「バカなんじゃないですか」としか言いようがない。

発売日前から百田の鼻息は荒かった。

《『日本国紀』が発売されたら、歴史学者から批判が殺到するはず、と期待するアンチが多いが、彼らの期待は裏切られる。なぜなら『日本国紀』に書かれていることはすべて事実だからだ》

百田の予想通り、発売後、歴史学者から批判が殺到することはなかった。事実誤認だらけで、歴史学者が相手にするようなものではなかったからだ。皇室の「男系」の説明もデタラメだし、内容も支離滅裂。

織田信長は《一向一揆鎮圧の際も女性や子供を含む2万人を皆殺しにしている。これは日本の歴史上かつてない大虐殺である》と述べる一方で、《日本の歴史には、大虐殺もなければ宗教による悲惨な争いもない》。

矛盾をツイッターで指摘されると、百田は《そういう文学的修辞が読み取れないバカがいるとは思わなかった》と返答。フランシスコ・ザビエルとルイス・フロイスを間違えていた件に関しては《どっちにしても外人や》。

本を購入し、具体的に間違いを指摘してくれた人たちを罵倒するのは人間としてどうなのか。

さらにはウィキペディア、新聞記事や関連書籍、ネット上のまとめ記事からの膨大な無断引用が発覚。今どき、大学生のリポートでもコピペすればすぐにバレるのに。

百田は《全体の1%にも満たない》と開き直ったが、そもそも量の問題ではない。指輪3個を盗んだ泥棒が取り調べで「1個だけだ!」とドヤ顔で言うようなものだ。

なお、その後の検証でコピペとされる部分は3%に達している。

今回、百田を追い込んだのは「アンチ」ではなく、歴史を正しく扱う「知」を尊重する人々だ。作家タブーにより大手メディアが百田を批判できない中、ネット上では次々と百田のデタラメが指摘されていった。知性はバカに屈しないという希望が見えた一件でもあった。

▼2019年1月19日

内閣総理大臣が起こした第2のサンゴ虚報事件

例のホラ吹きが、また大ボラを吹いた。

NHKの「日曜討論」(6日放送)で、安倍晋三は名護市辺野古の埋め立てについて「土砂投入に当たって、あそこのサンゴは移している」と発言。キャスターがその場で真偽を確かめなかったのは、64歳にもなる男がすぐにばれる嘘をつくはずがないという思い込みがあったからか。

しかし、この発言はすぐに問題になる。

沖縄県知事の玉城デニーは《安倍総理…。それは誰からのレクチャーでしょうか。現実はそうなっておりません。だから私たちは問題を提起しているのです》とツイート。

当初ネット上では「この先安倍はごく一部のサンゴ移植を理由に環境を保全したとゴマカすのではないか」との推測が広がったが、現実はさらにはるか斜め上をいく。

安倍の発言は根も葉もない大嘘だったのだ。

土砂が投入された海域「埋め立て区域(2)—1」からサンゴは移植されていないし、「砂をさらって絶滅危惧種を別の浜に移した」という説明もデマだった。単に多くのサンゴが生息し、ジュゴンもすむ海草藻場に、問答無用で土砂をぶち込んだだけの話。

「琉球新報」は社説で、《一国の首相が自らフェイク(うそ)の発信者となることは許されない》《埋め立て海域全体で約7万4千群体の移植が必要で、終わっているのは別の区域の9群体のみだ》と批判した。

いつものことだが、安倍はとっさに嘘をつく。国会で嘘をつくのは常態化しているが、ロシアのプーチンに「北方領土問題を解決した上で平和条約を締結するのが日本の原則」だと直接反論したとか、米軍のF15戦闘機墜落に関し「飛行中止を申し出た」などと、外交の場でも平気な顔で嘘をつく。

こうした虚言癖を持つ男を諸外国がどのように観察しているかは想像に難くない。

今回の件は第2のサンゴ虚報事件である。1989年、朝日新聞社のカメラマンが沖縄のサンゴに「K・Y」と落書きし、その写真をもとに記事を捏造。これが発覚し、朝日新聞社は窮地に追い込まれ、当時の社長が引責辞任した。

この件に関し安倍は「なかなか謝らなかった」と朝日新聞社を強く批判していたが、K（空気が）Y（読めない）オオカミ中年に、その言葉をそのままお返ししておく。

▼2019年1月26日

東京五輪「ここまで来たら引き返せない」じゃ先の大戦と変わらない

フランス検察当局が、日本オリンピック委員会の竹田恒和会長の訴追（贈賄容疑）に向けて予審手続きを開始した（1月11日）。

竹田が理事長を務めていたオリンピック招致委員会は、シンガポールにある「ブラックタイディングス社」代表にコンサルタント料として約2億3000万円を支払っている。その人物が五輪選考委員のラミン・ディアクの息子パパマッサタと深いつながりがあることから、疑惑が浮上した。

この日、日本ではカルロス・ゴーンが追起訴されており、フランスの報復ではないかとの陰謀論まで飛び出した。

竹田の息子のネトウヨタレントは《フランスの民度の低さが見える。マクロンは相当追い込まれている模様》とツイート。意味不明。フランス検察当局が捜査開始を公表したのは2016年5月である。捜査方法が間違っているなら、具体的に指摘すればいいだけの話であり、これはフランス国民に対する侮辱だ。

ディアクは東京五輪に賛成票を投じたが、日本から振り込まれたカネの一部は息子パパマッサタの宝石代になっている。

リオ五輪招致を巡っても、パパマッサタにカネが流れていたが、フランス検察当局が今動き出した理由は準備が整ったからだろう。

疑惑の渦中の竹田は「回ってきた稟議書《ひんぎしょ》にハンコを押しただけ」と開き直ったが、そもそも嘘とデマと不正にまみれた東京五輪である。2013年9月、招致の最終プレゼンテーションで安倍首相は「(福島第1原発の汚染水は)完全にブロックされている」と国際社会にデマを流した。東京電力はこの発言を否定。実際には高濃度の汚染水が漏れまくりだった。

新国立競技場の設計は迷走を極め、エンブレムはパクリ騒動でやり直し、予算膨張に関しては組織委員会の森喜朗会長が「最初から計画に無理があった」。しまいに安倍は「共謀罪がないとオリンピックはできない」と言い出した。「東京は世界有数の安全な都市」（安倍）ではなかったのか？

今からでもデタラメな五輪は中止すべきである。

「ここまで来たら引き返せない」というなら、先の大戦と変わらない。日本はすでに日中戦争の影響を理由に1940年の五輪を返上した実績がある。青島幸男ですら都市博をやめられたんだから、やれないことはない。

フランス検察当局の執念の捜査が実ったら、使う予定がなくなった金メダルは彼らにあげてはどうか。

▼2019年2月2日

「8割がたの女性」と「60歳以上」の有権者が投票してはいけない政党

2019年は日本にとって転機の年になるだろう。4月の統一地方選挙、7月の参議院選挙の結果に、わが国の存亡がかかっている。

こうした中、日本維新の会が比例代表で3人を公認したが、そのうちのひとりが、元フジテレビアナウンサーの長谷川豊だった。言わずと知れた人間のクズ、社会のダニである。これは別段キツイ言い方ではない。その証拠として彼の発言を引用しておく。

《自業自得の人工透析患者なんて、全員実費負担にさせよ！ 無理だと泣くならそのまま殺せ！》

《マホメット？ ただの性欲の強すぎる乱暴者です》

《いま世界で起きてる戦争、ほとんどイスラム系でしょ？ 一番、暴力的な人間が教祖様のところでしょ？》

《8割がたの女ってのは、私はほとんど「ハエ」と変わらんと思っています》

《育休とったら出世できない？ 育休とったら社会に戻れない？ 言い訳すんな。バカ》

《一生言ってろ！ バカ女‼》

《死刑はもっと残酷に殺すべきだ》

《小学校時代から死刑執行シーンはみんなに見せた方がいい》

《出来ればネットで生中継した方がいい》

もっとも長谷川のような人物は、残念ながら一定の割合で世の中に存在する。問題はこうしたバカを選挙に担ぎ出す維新の会だ。

長谷川は《60歳以上って、選挙権はく奪でいいんじゃないか?》とも述べているが、少なくとも「8割がた」の女性と「60歳以上」の人は、絶対に維新の会および長谷川に投票してはいけない。

長谷川は経費の不正使用で降格処分を受け、その後、フジテレビを退社。これまでヘイト発言を社会にまき散らし、デマを垂れ流してきた。自分は「人工透析患者を殺せ」なんて言っていないと嘘をつき、千葉県警に道交法違反で呼び出されていた事実を指摘されると「デマだ」と騒いだ。

2017年の衆院選では維新の会から出馬し最下位で落選。

有効投票総数の10分の1にも満たず供託金没収となったが、それでも千葉1区で1万5014票を取っている。彼らは長谷川の発言を知った上で投票したのか?

長谷川は《勉強不足な有権者からは投票権を取り上げるべし》と主張していたが、この理屈だと長谷川が当選することは未来永劫ないだろう。

野党共闘は必要だが、〝政界の肥だめ〟とも揶揄される維新の会と組むのは論外であることを指摘しておく。

▼2019年2月9日
政治家の「猫なで声」にだまされてはいけない

前回（2017年）の衆院選で地道に共闘を進めていれば、ある程度野党は勝つことができた（「朝日新聞」2017年10月23日「野党一本化なら63選挙区で勝敗逆転」）。しかし、前原誠司や小池百合子らによる野党分断工作により、自民党は圧勝。工作に関与した細野豪志は、ちゃっかり自民党二階派の「特別会員」に収まった。

今回も参院選に向けて浮足立つ人々がいる。

統一会派を結成した自由党（当時）の小沢一郎と国民民主党の玉木雄一郎はネット番組に出演、橋下徹に政界復帰への秋波を送った（1月31日）。「毒をもって毒を制す」つもりなのかもしれないが、これでは「毒の二乗」になるだけ。立民も社民も共産もこんな野合に乗るわけがない。

「立憲民主党カラーに野党を染め上げて」と呼びかけた山本太郎は小一時間、小沢を説教したほうがいい。

大事なことは、政治家が語る公約、夢、未来ではない。過去になにをやったかである。もっとも、人間の脳はすぐに忘却するようにできている。だから、私は問題のある人物に対し、同じ批判を繰り返しているのだ。「芸がない」と言われてもかまわない。同じ過ちは何度も繰り返されるのだから、同じ批判を意識的に繰り返さなければならないのだ。

文学批評家のエドワード・ワディ・サイードは、知識人の公的役割を「亡命者」「周辺的存在」「アウトサイダー」「アマチュア」「現状の攪乱者」「権力に対して真実を語ろうとする言葉の使い手」と表現した（『知識人とは何か』）。これは単純な反権力ではない。

《すなわち、オールターナティヴな可能性を垣間みせる材源を徹底して探しまわり、埋もれた記録を発掘し、忘れられた（あるいは廃棄された）歴史を復活させねばならない》

私は自分を「知識人」に重ね合わせる趣味はないが、それでも公の場所でモノを書くのは、「リマインダー」の役割を担うことだと思っている。10年、100年、1000年単位の歴史のスパンの中に、我々の現状を位置付けて考える必要があるからだ。

過去の亡霊が復活したとき、どのように対応すればいいのか？　その答えも過去の歴史の中にある。

政治家の「猫なで声」にだまされてはいけない。

聞くべきは、「安易な公式見解や既成の紋切型表現をこばむ人間」による「聴衆を困惑」させ、「気持ちを逆なで」する言葉（サイード）なのだ。

▼2011年3月2日

言論統制が深刻化！　確実な証拠がないから追及する必要がある

ナチスの宣伝相でヒトラーの女房役のゲッベルスによるプロパガンダの手法は、より洗練された形で今の日本で使われている。

デタラメな説明を一方的に繰り返し、都合が悪くなれば、言葉の置き換え、文書の捏造、資料の隠蔽、データの改竄《かいざん》を行う。わが国は再び20世紀の悪夢を繰り返そうとしているが、言論統制も深刻な状況になってきた。

２０１８年12月、「東京新聞」の望月衣塑子《いそこ》記者が、官房長官の菅義偉《よしひで》に対し、辺野古の米軍新基地建設について「埋め立て現場では今、赤土が広がっており、沖縄防衛局が実態を把握できていない」と質問。すると官邸は激怒し「事実に反する質問が行われた」との文書を出した。

では、事実に反するのはどちらなのか？

土砂投入が始まると海は茶色く濁り、沖縄県職員らが現場で赤土を確認。県は「赤土が大量に混じっている疑いがある」として沖縄防衛局に現場の立ち入り検査と土砂のサンプル提供を求めたが、国は必要ないと応じなかった。その後、防衛局が出してきたのは、赤土投入の件とは関係のない過去の検査報告書だった。

「東京新聞」は官邸から過去に9回の申し入れがあったことを明らかにし、反論を掲載。それによると望月記者が菅に質問すると報道室長が毎回妨害。安倍晋三が流した「サンゴ移植デマ」についての質問は開始からわずか数秒で「簡潔に」と遮られた。国会で「申し入れは報道の萎縮を招く」のではないかと問われた菅は「取材じゃないと思いますよ。決め打ちですよ」と言い放ったが、特定の女性記者を「決め打ち」しているのは菅だ。

もちろん、メディア側が間違うケースもある。にもかかわらず、疑惑の追及は行われなければならない。

モリカケ事件の際も「確実な証拠があるのか」とネトウヨが騒いでいたが、アホかと。確実な証拠があるならすでに牢屋に入っている。確実な証拠がないから追及が必要なのだ。事実の確認すら封じられるなら、メディアは大本営発表を垂れ流すだけの存在になる。

「(沖縄の県民投票が)どういう結果でも移設を進めるのか」と問われた菅は「基本的にはそういう考えだ」と述べていたが、そのときの満足げな表情は、望月記者をいじめ抜いたときと同じだった。菅の行動原理が読めないという話はよく聞くが、単なるサディストなのかもしれない。

言い過ぎだって？　いや、そのご指摘はあたらない。

▼2019年3月16日

デマ量産、礼賛ライターのズバぬけた〝見識〟

「静岡新聞」が政治評論家の屋山《ややま》太郎が書いた「ギクシャクし続ける日韓関係」なるコラムを掲載。《徴用工に賠償金を払えということになっているが、この訴訟を日本で取り上げさせたのは福島瑞穂議員》《実妹が北朝鮮に生存している》などとデマを連ねていたが、そもそも福島に妹はいないし、生まれも育ちも国籍も日本。元徴用工訴訟にも関与していない。

「静岡新聞」は「事実ではありませんでした」と訂正のうえ謝罪。福島は虚偽を書かれ、名誉を傷つけられたとして、屋山に330万円の損害賠償を求めて東京地裁に提訴した（3月6日）。

屋山といえばその時々の政権を礼賛し、デマを流しながら小銭を稼いでいる三流の乞食ライターだが、30年前からボケている人間にコラムを書かせるメディアもどうしようもない。誰でも気づきそうなデマが新聞社の校閲を通るのだから、日本は相当傾いてきている。

現在、屋山は86歳。運転免許証だって返納したほうがいい年齢だ。身寄りがあるのか知らないが、親族や周辺がストップをかけてあげるべきだろう。

なお、屋山の見識のなさはあの界隈の中でもずばぬけている。

小泉純一郎の構造改革を大絶賛し、規制緩和と大声を上げ、官僚を悪玉にして大衆受けを狙う。芸はこれだけ。自民党が劣勢になると、民主党を大絶賛。

《民主党が勝てば、明治以来の官僚内閣制は崩れる。その後に初めて政権交代がこれからできてくる》

《私は今、これまでみてきた選挙の中で一番わくわくしている》

民主党が落ち目になれば、橋下徹を大絶賛し、「次の総理」と持ち上げる。

《本物の政治家が誕生したと私はみる》

《言葉を的確に繰り出して討論し、説得する突破力を独自に持っている政治家を、日本で見るのは初めてだ》

で、今はご飯をおごってくれる安倍晋三の幇間《ほうかん》に。『それでも日本を救うのは安倍政権しかない』というヨイショ本も書いていたが、それなら安倍政権が終わったら日本も終わりかよ。ネット上の紹介記事には「屋山は保守主義の理論的支柱とも言えるエドマンド・バークの信奉者」とあったが、ヘソで茶が沸くね。バークが否定したのは屋山みたいな幼稚で卑劣な「改革バカ」である。

▼2019年3月23日
自称〝森羅万象担当者〟の思い上がりが反映される新元号騒動

新元号の発表は4月1日、切り替わるのは5月1日である。それに合わせて、「新元号を予測する」といった記事が巷にあふれている。これまでなら「不敬」とされていたが、今回は生前譲位なので構わないとメディアも抑制がきかなくなっている。安倍晋三の「安」という字が入るとの予測も広がった。さすがにありえないとは思うが、今の政権ならやりかねないという空気もある。某水族館はアシカに「安久」と筆で書かせ、その映像をNHKが垂れ流していた。安倍が「元号の出典は日本で書かれた書物がいい」と周辺に話しているとの報道もあった。

日本初の元号とされる大化（645年）から平成までの247の元号のうち、出典が明らかになっている77のすべては中国の古典（漢籍）からの引用である。明治、大正は「周易」(易経)、昭和は「書経」だ。こうした1400年近い伝統を投げ捨て、「日本で書かれた書物」から引用するという話が突然出てきたのはなぜか?

私は福田恆存《つねあり》の「言論の空しさ」という文章を思いだした。

《国民総生産が世界第二位といふ「経済大国」になると、再び軽佻浮薄な日本人論が歓迎され始めた。それまで大抵の本が外国人の引用で埋められたものだが、近頃は一夜漬けの日本古典、それも心学道話の類ひに至るまで有り難さうに引用される。が、いづれも外国人が日本を見る物珍しげな目附で日本の古典や日本人の意識をいぢくり廻してゐるだけである》

当時(1980年)と違うのは、今の日本が「経済大国」ですらなく、現実から目を背けるために過去を「いぢくり廻してゐる」ことだ。改元はもともと天皇の大権だが、時の権力による政治利用や政争の具として使われてきた。皇室に対して不道徳な態度を取り続けてきた安倍政権が元号を弄ぶのは許されることではない。

福田は「私の歴史教室」でこう述べる。

《古来、歴史を鑑《かがみ》と称して来たのは、それによつて現代、及び自分の顔の歪みを匡《ただ》す意味合ひのものではなかつたか》

私は森羅万象を担当しているなどと思い上がれば、歴史や伝統など捏造の対象にしかならない。自らを神格化し、天正への改元を押し通した織田信長は、その10年後に本能寺の変で殺された。

▼2019年3月30日

サルでもわかる詐欺を続けるトンデモ集団を全野党で駆除すべき

統一地方選と同日実施される大阪府知事、大阪市長の入れ替えダブル選（4月7日投開票）。知事選では、大阪維新の会政調会長で大阪市長の吉村洋文と自民党が擁立した元府副知事の小西禎一、市長選では、維新代表で府知事の松井一郎と自民が擁立した元市議の柳本顕の対決となる。

小西、柳本は無所属で出馬。自民党は推薦、公明党は府本部レベルで推薦、立憲民主党府連と共産党は自主支援を確認した。

これまでの経緯を知らない人は維新の会が垂れ流している「野党は野合だあ」「共産にまで魂を売るのか」という批判に騙されてしまうのかもしれない。しかし維新の会は、自民党から共産党、公明党まで全野党が力を合わせて駆除しなければならないとんでもない集団なのだ。

維新の会が選挙の争点として掲げる「大阪都構想」の目的は、府を都にすることではない。政令指定都市である大阪市を潰し、その権限、力、お金をむしり取ることである。実際、元大阪市長の橋下徹は都構想の目的として《大阪市が持っている権限、力、お金をむしり取る》（「読売新聞」2011年6月30日）と述べている。当然、大阪市民は財源も自治も失い、行政サービスは低下する。

その実態を隠すため、維新の会はデマを流し続けている。松井は「制度を見直すだけで、大阪市がなくなるというのは印象操作」と発言。

柳本は驚愕。《未だに、「市役所がなくなるだけ…」「市域は残る」とか主張されて、大阪市が廃止され、なくなるという真実を目を向けておられませんでした》とツイート。小西も《印象操作ではなく事実です》とリプを返していた。

2015年の住民投票の際も、維新の会はデマを流していた。

目盛りをごまかした詐欺パネルを使い「教育費を5倍にした」などと嘘をついた。年間4000億円の財源を生み出すのは「最低ライン」と言っておきながら、そのうち「財政効果なんていうのは意味ない」と言い出し、投票日直前になると「財政効果は無限」と言い出した。サルでもわかる詐欺である。

松井は街頭演説で「大阪都で大阪市がなくなるって、この駅前がなくなるというのか」と発言。「ああよかった。大阪市の街並みが更地になるわけではないのね」と思うやつはいるのか。要するに維新の会は、大阪の人々をバカにしているのだ。そろそろ悪ふざけはおしまいにしよう。

第2章

2019年4月～6月

令和ニッポン「本当の反日勢力」を追及せよ

撮影・藤倉善郎

●この期間の主な出来事

4月1日：菅内閣官房長官が官邸にて新元号「令和」を公表

山本太郎が政治団体「れいわ新選組」を設立

4月7・21日：第19回統一地方選挙の投開票が行われる

5月1日：徳仁が第126代天皇に即位し、「令和」に改元される

5月25日：アメリカ合衆国のトランプ大統領が来日

▼2019年4月6日

迫る統一地方選、事実を捏造する勢力は論外だ

SNS（ソーシャル・ネットワーキング・サービス）には何の期待もしていない。私が政治や社会に対するコメントをBOT（自動的につぶやくプログラム）でツイッターに流しているのも、「一日一善」みたいな発想で、特にメリットはない。それよりもマイナス面が大きい。訳の分からない批判をしてくるやつもいるし、反論すれば逆恨みされる。

論理的な批判なら、論理で返すことができるが、そうでないものが多い。「非学者論に負けず」という言葉があるとおり、最終的にはバカが勝つのである。彼らは狭いコミュニティーの中で、「論破してやった」と一方的に勝利宣言する。

「ネトウヨ」という言葉があるが、彼らは右翼ですらなく、実態はネット上の陰謀論やデマに流される情報弱者である。安倍政権の失政を批判すると「他に誰がいるのか」、法案の矛盾を指摘すると「対案を示せ」、嘘を指摘すると「上から目線だ」。あらかじめ用意されたテンプレートに毎回乗っかり、思考停止し、生ぬるい世界に閉じ

こもる。多くの人は「言葉が通じない」という絶望感に襲われ、口を開く気もなくしてしまう。そして「大衆社会なんてこんなものだ」と達観してみせたりする。こうしたニヒリズムが社会に蔓延している。

統一地方選が近づいてきた。この選挙におけるわれわれ日本人の最大の敵はなにか？「思考停止」と「諦観」である。

偏向メディアが流す情報、ましてやネットで拡散するデマを妄信するのではなく、まずは虚心になって事実に向き合うべきだ。世の中にはさまざまな立場や考え方がある。それを尊重すべきなのは当然だが、議論の前提となる事実そのものを捏造する勢力は論外だ。入管法改正に関する法務省のデータごまかし、森友事件における財務省の公文書改竄、南スーダンPKOにおける防衛省の日報隠蔽、裁量労働制における厚労省のデータ捏造など、すでにわが国は常識が通用しない三流国になっている。

今回（2019年）の選挙は地方政治だけが問われているのではない。森友問題、加計問題、TPP、移民政策、カジノ招致、消費税増税、派遣法の改悪……。安倍政権は、水道事業の民営化や放送局の外資規制の撤廃をもくろんでいた。

不道徳な政権に国民が審判を下す日がやってきた。

▼2019年4月27日

拉致家族は詐欺に巻き込まれた安倍晋三被害者の会だ

北朝鮮拉致被害者の家族会は、安倍晋三被害者の会とも言える。関係者が高齢化する中、問題は長引いたまま。安倍は拉致問題で名前を売ってきたが、北朝鮮を利用しているだけ。これまでも《北朝鮮情勢が緊迫してきてから、安倍さんはすっかり元気になって、「ツキがまわってきた」と側近たちに話しています》(「週刊現代」)、《「(安倍周辺から)北がミサイルを撃ってくれないかな」という声があがっている》(「日刊ゲンダイ」)といった官邸関係者の声が報道されてきたが下種《げす》の極みである。

第1次安倍政権は閣僚の不祥事による辞任ドミノでつぶれたが、第2次政権以降は何があっても絶対に辞めず、ほとぼりが冷めるまで世の中をごまかし続ける作戦に出た。性的暴行や盗撮が発覚し自民党を離党した田畑毅の一件をはじめ、党内でゴタゴタが続く中、例によって安倍の十八番が飛び出した。「次は私自身が金正恩朝鮮労働党委員長と向き合わなければならないと決意をしている」(3月5日)。

このセリフ一体、何回目?

「次は」「今度は」「私が直接向き合って」「改めて意欲」……。有言不実行。「オレオレ詐欺」ならぬ「アタクチ詐欺」である。

これまでの安倍の言動は支離滅裂だ。

「対話による問題解決の試みは無に帰した」と断言しておきながら、「私は北朝鮮との対話を否定したことは一度もありません」と平気な顔で嘘をつく。2018年5月、トランプが米朝会談をキャンセルすると、いち早くトランプ支持を打ち出し、やっぱり会談することになると「会談は必要不可欠だ」とひたすら追従する。「拉致問題は安倍内閣が解決をする」と言っておきながら、いつ解決するのかと聞かれると「拉致問題を解決できるのは安倍政権だけだと私が言ったことはない」。ただのホラ吹きでしょう。

デマも流しまくり。2017年9月、NHKは政府の発表として「北朝鮮のミサイルが日本の領域に侵入」と報道。自民党の中でもまだ正気を維持している石破茂は情報を否定。「このようなことを繰り返していると、やがて国民の政府に対する信頼が失われる」と苦言を呈した。でも、北朝鮮のおかげで安倍政権の支持率はアップ。こんな茶番にいつまで付き合うの?

▼２０１９年５月11日

安倍カルトによる「2020年新憲法施行」の動きに終止符を

憲法記念日に開かれた日本会議系の改憲集会に安倍晋三がビデオメッセージを送り、「２０２０年の新憲法施行」への意欲を表明したそうな。９条に自衛隊を明記し「違憲論争に終止符を打つ」とのことだが、終止符を打たなければならないのはこのデタラメな政権だ。

９条の１項（戦争の放棄）、２項（戦力の不保持と交戦権の否認）をそのままにして自衛隊の存在を明記するということは、戦後の欺瞞《ぎまん》に欺瞞を積み重ね、憲法の意味すらぶち壊すということ。これは改憲派が積み上げてきたロジックとも百八十度異なる。

安倍は「産経新聞」（５月３日）のインタビューで「平成29年の衆院選で自民党は自衛隊明記を真正面から公約に掲げ、国民の審判を仰ぎました」「（憲法改正は）結党以来の党是」（実際は自主憲法制定）などと嘘、デタラメを並べ立てていたが、官邸はおかしな勢力に完全に乗っ取られたようだ。

先日、野党５党が集団的自衛権の行使容認を柱とする安全保障関連法を廃止するための法案を参院に共同提出した（4月22日）。これは当然。この問題の本質は、集団的自衛権を現行憲法の枠内で通せるか否かだ。集団的自衛権とは「ある国家が武力攻撃を受けた場合に直接に攻撃を受けていない第三国が協力して共同で防衛を行う権利」であり、憲法を読めば通せないことは自明だ。仮に憲法との整合性の問題がクリアできたとしても、集団的自衛権の行使が国益につながるかどうかは別である。国益につながるなら、議論を継続し、正当な手続きを経た上で、法案を通せばいいだけの話。

ところが安倍は、仲間を集めてつくった有識者懇談会でお膳立てしてもらってから閣議決定し、「憲法解釈の基本的論理は全く変わっていない」「アメリカの戦争に巻き込まれることは絶対にない」「自衛隊のリスクが下がる」などとデマを流し、法制局長官の首をすげ替え、アメリカで勝手に約束し、最後に国会に諮り、強行採決した。当時、「産経新聞」は《急ぐ必要があるのだから仕方ない》と書いていた。しまいには首相補佐官の礒崎陽輔が「法的安定性は関係ない」と言い出した。

要するにこの時点で日本は法治国家から人治国家へ転落していたのだ。安倍は改憲による一院制の導入も唱えている。この際、右も左も保守も革新も護憲派も改憲派も関係ない。日本人ならタッグを組み、カルトによる危険な改憲を阻止すべきだ。

▼2019年5月25日

丸山発言で露呈した「社会のダニ集団」はすみやかに解散すべきだ

日本維新の会の衆院議員丸山穂高《ほだか》が、北方領土へのビザなし交流訪問団に同行。国後島の宿舎で大酒を飲んで騒いだ揚げ句、元島民の団長に「戦争でこの島を取り返すことは賛成ですか、反対ですか?」「ロシアが混乱しているときに取り返すのはOKですか?」と質問。団長がロシアと戦争をするべきではないと答えると、「戦争しないとどうしようもなくないですか?」と畳みかけた。

元島民らは抗議。ロシア上院のコサチョフ国際問題委員長は「日ロ関係の流れの中で最もひどい（発言だ）」と批判した。丸山は「賛成か反対かを聞いただけ」「それに対して何をダメだとおっしゃっているのかよくわからないです」とごまかそうとしたが、「戦争しないとどうしようもなくないですか?」と言い切ったのである。

維新代表の松井一郎は当初「言論の自由」などと与太を飛ばしていたが、騒ぎが広がると丸山を党から除名。「議員辞職すべき」「有権者からは日本維新はバカな議員がいるんだなと、ご批判いただくことになる」と言いだした。いや、「維新にはバカしかいない」の間違いだろう。

周辺のネトウヨ連中は、テレビ朝日が発言を「こっそり録音」し、その一部を切り取ってさらしたというデマを拡散。実際には団長が取材を受けているところに丸山が乱入したのだが、程度の低いデマゴーグの行動パターンはある意味安定している。

立憲民主党など野党6党派は議員辞職勧告決議案を衆院に共同提出。丸山は「言論府が自らの首を絞める行為に等しい」と議員辞職を拒否したが、憲法に反する発言を言論府が放置することこそ自らの首を絞める行為に等しいのにね。

国会でも挙動不審。他の議員にむやみに噛みつくと思っていたら、2015年には酒に酔って一般人に物理的に噛みついていた。これが問題になると、「今後の議員在職中において公私一切酒を口に致しません」と述べ、再度飲酒した場合は議員辞職する意向を示したが、今回、有権者との約束を見事に破り、完全に開き直ったわけだ。

元大阪市長の橋下徹は《このような国会議員を誕生させたのは僕の責任》とツイート。そのとおりだ。丸山はロシアを挑発し、1億2000万人の日本国民の生命を危険にさらした。社会のダニを結集させた責任を取り、維新の会はすみやかに解党・解散すべきだ。

▼2019年6月8日
皇室が国民に寄り添う姿勢を疎むくせに政治利用する安倍政権

やはり私がネット上で予測していたとおりだった。

4月30日、御代替わりを前に執り行われた「退位礼正殿の儀」で安倍晋三は、「天皇皇后両陛下には、末永くお健やかであられますことを願って……あらされますことを願っていません」と発言。失礼にも程がある。これについて、「願って已《や》みません」を誤読したのではないかとの指摘が広がったが、その可能性はゼロに近いと私は言っておいた。云々（でんでん）、背後（せご）、腹心の友（ばくしんのとも）……。安倍が漢字が苦手なのは誰もが知っている。よって原稿は総ルビかひらがなだろうと。

首相官邸は当初沈黙していたが、騒ぎが大きくなったためかツイッターで弁明。該当部分は「『や』みません」とひらがなであり、「一部」で報道されているような漢字の読み間違いではないとのこと。

原稿の「あらせられます」を「あられます」「あらされます」と読んだのは滑舌が悪いからだろうが、「いません」の部分は滑舌とは関係ない。聞き取りやすく、そう発声している。よって、2つの可能性が考えられる。
①「願ってやまない」という日本語を知らなかったので、知っている言葉に勝手に置き換えた。要するに、重要な儀式にもかかわらず事前に原稿チェックも練習もしなかったということ。
②緊張して、つい本音が口をついて出てしまった。これは心理学の対象。
どちらにせよロクでもない。これまでの安倍の皇室に対する姿勢も常軌を逸している。2016年8月、陛下（上皇）が「お気持ち」を表明されると、官邸は宮内庁長官の首をすげ替えた。明らかな嫌がらせである。また、安倍は震災被災者に寄り添う陛下のものまねをしてちゃかし、カーペットに膝をつきながら「こんな格好までしてね」と吐き捨てたという。これは亀井静香が明らかにしていたが、国民に寄り添おうとする陛下の存在が疎《うと》ましいのだろう。

安倍は大統領制を唱えていた橋下維新（その後トーンダウンして首相公選制）と改憲でタッグを組む意欲を見せている。これが何を意味するのか、皇室を大切に思う日本人はよく考えたほうがいい。

安倍にとって皇室は自分の支持を高めるための小道具に過ぎず、いみじくもトランプに説明したとおり、天皇の即位など「スーパーボウルの100倍」程度の価値に過ぎないのだから。

▼2019年6月15日

“強制的なカネ巻き上げ”迷惑でしかないNHKネット同時配信

私はテレビを持っていない。この20年以上、テレビはまったく見ていない。だから当然NHKの受信料も払っていない。近所の定食屋や健康ランドなどでたまにテレビ放送を見かけることがあるが、むやみにテンションの高い人たちが出演していることが多く、音声を聞いているだけでもシンドイ。できたら遠ざけたいメディアのひとつだ。

先月29日、放送法の改正により、NHKはテレビ放送と同時にインターネット上にも番組を流すことになった。

つまり、ネットにつながるパソコンやスマホを持っているだけで、受信料を取られることになる可能性が高い。これを迷惑と言わずになんと言うのか。

NHKのネット事業の拡大について、日本民間放送連盟は「民業圧迫だ」などと反発していたが、それどころではない。テレビを見ない健全な国民に対する圧迫である。見たくもない映像を勝手に送りつけ、強制的にカネを巻き上げる。ネットとスマホを解約すればいいのだろうが、今の時代、なかなかそうもいかない。2018年度のNHK受信料収入は7122億円に上るが、なぜこんなことがまかり通っているのか？

公共放送というのも形だけで、実際には人事を含めて政府に掌握されている。ラノベ作家の百田尚樹は以前、NHK経営委員だったが、《僕の若い頃、ビジネスホテルには100円入れるとエロビデオが見れる機械があった。その100円を入れる穴に針金を突っ込んで上手く操作すると、タダで見れた。だから出張に行くときは針金は必需品だった》とツイートしている。百田は「放送法遵守を求める視聴者の会」の代表理事でもあるが、あらゆる法の順守を求めたい。

私はユーチューブはよく見る。一昔前なら手に入らなかった貴重なライブ映像などが山ほど転がっている。音楽以外では「かねこ」という若い男がさまざまな魚をさばいていく「きまぐれクック」という番組をよく見る。魚をきれいにさばくのは純粋に美しい。そしてテレビでは失われた真の「芸能」がまだここに残っているといつも思う。「かねこ」は一般人なので本来は敬称をつけるべきだが、真の「芸能人」という尊敬の意味を込めて「かねこ」と呼ばせていただく。NHKに払うカネがあるなら、「かねこ」にやったほうがいい。

▼2019年6月22日
「反日」という言葉がふさわしいのは誰なのか?

今の日本の状況を象徴するようなニュースがあった。大阪市で行われた新聞記者のトークショーに、森友学園前理事長の籠池《かごいけ》泰典がゲストとして登壇(6月13日)。「75年ほど前、大東亜戦争のような統制の世になってきている」「皆さん、安倍首相にだまされてはいけませんよ。まあ、最初にだまされたのは僕やけどね」と発言し会場は爆笑。

そこにもう一人のゲストとして共産党の宮本岳志前衆院議員が登場。森友問題追及の急先鋒に立った人物だ。2人は壇上で握手し、宮本は「この方と握手する日が来るとは思ってもいませんでした」、籠池は「きのうの敵はきょうの友やね」と返したそうな。平時なら見られない光景だろう。籠池は拘置所で私の本を読んでくれた。おかげで洗脳が解けたと言ってくれる人も一定数いる。

しかし病は深い。来る参院選で安倍政権の暴走に歯止めをかけない限り、日本は崩壊する。というか公文書の改竄や資料隠蔽などにより、日本はすでに三流国家、人治国家に転落している。それに対する危機感が、保守勢力(ネトウヨ・ビジネス保守は除く)と革新勢力の接近を生み出しているのだろう。2018年末、雑誌「月刊日本」に《野党共闘を実現せよ》という亀井静香と志位和夫の対談が掲載されたのも一例だ。

全方位売国を続ける安倍政権に対し、国家主権を守れ、社会を守れと保守的な主張を繰り返してきたのは共産党である。しかし、国民側に共産党に対するアレルギーがあるのも事実だ。こうした状況で野党共闘は成り立つのか。先日、共産党の清水忠史衆院議員から彼らの本音を聞き出しておいた。私事で恐縮だが、これは参院選前に『日本共産党政権奪取の条件』として世に問う。

第1次安倍政権崩壊のきっかけは「消えた年金問題」だった。安倍は当時、「最後の一人までチェックして正しい年金をきちんとお支払いをします」と言ったが、いつも通りの嘘だった。いまだに2000万件の記録がうやむやになっている。

今回は年金記録が消えたどころか、統計不正などにより年金そのものが消えたわけだ。アホにも限度がある。国民を貧しくし、社会を下品のドン底に叩き込んだ破廉恥な政権を支持するなら、それこそ周辺の連中がよく使う「反日」という言葉がふさわしいのではないか。

▼2019年6月29日
闇営業問題の吉本がつながる詐欺グループ・官邸・維新の共通点

吉本興業のタレントと振り込め詐欺グループのつながりがニュースになっていた。「カラテカ」入江慎也の仲介で「雨上がり決死隊」の宮迫博之、「ロンドンブーツ1号2号」の田村亮、レイザーラモンHGら10人以上のタレントが詐欺グループの2014年末の忘年会に出席。そこは日本最大規模の詐欺グループで、100億円以上を荒稼ぎしていたという。

「闇営業」の中心人物だった入江の契約は解除に。宮迫は「ギャラはもらっていない」と釈明していたが、詐欺グループ側が仲介役の入江の口座にカネを振り込んだと証言し、最終的に金銭授受を認めた。

昔から芸能界と反社会集団のつながりは指摘されてきた。島田紳助の暴力団との交際問題なども記憶に新しい。「振り込め詐欺」というのは現代的だが、そう考えると、吉本興業が官邸や大阪維新の会とべったりなのも興味深い。

4月20日、安倍晋三は「なんばグランド花月」で新喜劇の舞台に立ち、変な関西弁を使って観客におもねろうとした。これも衆院大阪12区補選の応援が目的だったのだろう。

万博誘致をはじめ、維新と吉本がつながっているのは周知の事実だが、これまで維新がやってきたことも、振り込め詐欺のようなものだ。

これは誹謗中傷でも悪口でもない。事実として、大阪市解体を巡る住民投票では、大量の嘘、デマ、プロパガンダが垂れ流された。維新は目盛りをごまかした詐欺パネルを使い、二重行政解消の「効果額」を粉飾。やりたい放題だった。

しかも、住民投票で否決されると、再び住民投票をやると言い出した。要するに「勝つまでジャンケン」。こうして票を振り込ませるわけだ。カタギの人間には理解できないだろう。

維新の議員は前科持ちが異常に多い。いまや維新関係者の逮捕は、選挙後の風物詩となっている。

私は吉本の文化的価値は高いと思っている。新喜劇にも何度も行った。そこで本物の芸人のすごさも知った。吉本はこのあたりで企業としての体質を根本的に改めてはどうか。まずはコンプライアンス（法令順守）の徹底だ。安倍一味や維新、裏社会とはキッパリ縁を切り、クリーンなお笑いをお茶の間に届けてほしい。

第3章

2019年7月〜9月

国民を騙し続ける言語道断の詐欺集団に鉄槌を

●この期間の主な出来事

7月21日：参院選で「改憲勢力」は2／3の議席を獲得ならず
8月3日：「表現の不自由展・その後」の内容について河村たかし名古屋市長が大村秀章愛知県知事に抗議文を提出
9月5日：ロシア政府が開いた「東方経済フォーラム」全体会合で安倍首相が演説
9月11日：第4次安倍第2次改造内閣、自民党新執行部が発足

▼2019年7月6日
参院選で選ぶべきなのは「審議すらしない党」である

安倍晋三はまだ改憲にこだわっているようだ。先日も「参院選では（改憲の）審議すらしない政党を選ぶのか、審議をする政党を選ぶのか決めていただきたい」と発言。もちろん、「審議すらしない政党」を選ぶべきだ。

「野党はなんでも反対。無責任だ」というネトウヨ御用達のテンプレートにわざわざ乗ってあげる必要もない。論外なものに対しては論外でいい。「ウンコ食え」と言われたら「嫌だ」でOK。むしろ、対案を示してはならない。

実際、安倍が関わった2012年の憲法改正草案はウンコ以下だった。「全て国民は、この憲法を尊重しなければならない」「家族は、互いに助け合わなければならない」などと憲法の意味を理解している人間が作ったとは思えない。さすがに党内からも「まずい」という声が出たのだろう。谷垣禎一《さだかず》は「（これは野党時代に作ったものであり）与党ですと、もう少し実現可能性を考えた」と軌道修正を図ったが、安倍は「私たちはこういう憲法を作りたいと思うから出した」とちゃぶ台をひっくり返した。

なお、私は昔から改憲派である。特に9条に限れば、独立国が軍隊を持つのは当然であり、憲法の矛盾は当然、改正により解消しなければならない。自衛隊の立場が曖昧なのは危険だ。

一方、安倍は改憲派が戦後積み上げてきたロジックをすべてドブにぶち込み、しまいには9条1項、2項を維持したまま3項を付け加えると言い出した。戦力の不保持をうたった後に戦力の保持を書き込む。アホにも限度があるが、これでは憲法は確実に空洞化する。

安倍は改憲による一院制の導入をもくろんでいるし、首相公選制を唱える日本維新の会ともつながっている。その狙いは権力の集中と皇室の解体、アメリカ属国化だろう。

戦後の欺瞞に異議を唱えた作家の三島由紀夫は、自衛隊がアメリカの指揮下に入ることを危惧した。

《国の根本問題である防衛が、御都合主義の法的解釈によってごまかされ、軍の名を用ひない軍として、日本人の魂の腐敗、道義の頽廃《たいはい》の根本原因をなして来ているのを見た。もっとも名誉を重んずべき軍が、もっとも悪質の欺瞞の下に放置されて来たのである》（「檄」）

三島が生きていたら安倍による改憲は全否定しただろう。日本の不幸は、まともな改憲派、保守派が激減したことだ。

▼2019年7月20日
まともな日本を取り戻すために保守が動けば世の中マシになる

参院選が近づいてきた。今回は政権選択選挙ではないが、これまでの政権運営に対して評価を下すチャンスでもある。安倍晋三はすでに勝敗ラインを「非改選議席も含めた過半数を、自民党、公明党で確保」とかなり少なく打ち出している。これをクリアすれば、選挙が終わった後に「国民の皆さまからのご理解をいただいた」などと言いながら、対米隷属憲法への改正など、日本解体の総仕上げにかかる予定なのだろう。

7月10日、トランプがイラン沖などを航行する民間船舶を護衛するために日本政府に協力を打診していたことが判明。「米国第一主義」の安倍が尻尾を振りながら追従するのは火を見るより明らかだ。それでも自民、公明、維新が大敗すれば、これまでのようにやりたい放題はできなくなる。私は日本の将来に悲観的だが、その一方で前回の選挙に比べて明るい兆しが見えてきたのも事実である。

遅きに失したとはいえ保守（ビジネス保守・愛国カルト・ネトウヨは除く）も声を上げ始めた。先日は改憲派の代表的論者、慶応大学名誉教授の小林節《せつ》が共産党支持を明確に打ち出した。右翼団体の一水会も《今こそ、対米従属・自民党幕府の売国、腐敗を断罪する救国維新派の「処士横議《しょしおうぎ》」が重要だ》とツイート。

大阪では自民党支持層の一部が共産党の辰巳孝太郎候補支持に流れている。自民党大阪府連が官邸の意向に屈し、大阪市解体の住民投票実施賛成に寝返ったので当然だろう。野党は32の1人区すべてに統一候補を擁立した。保守層や改憲派の票が野党に集まれば、世の中は今よりはマシになる。

「れいわ新選組」は安倍政権の売国政策（ＴＰＰ、水道法、カジノ法、漁業法、入管法、特定秘密保護法、国家戦略特別区域法など）の一括見直し・廃止を唱えている。ここまで明確に反構造改革を打ち出しただけでも、高く評価しなければならない。これはアメリカのサンダース現象に似ている。２０１６年大統領選の民主党予備選ではヒラリー・クリントンを強く批判。格差是正やＴＰＰ反対、マイノリティーの権利保護などを訴え、ネット経由で巨額の献金を集めた。

世界史的地殻変動はすでに始まっている。日本人は今こそ立ち上がるべきだ。急進的グローバリズムと決別し、安倍一味から日本を取り戻すべきだ。

▼2019年7月27日

衆院選は日本など眼中にない連中の征伐が争点だ

7月21日投開票の第25回参議院選挙で、自民党は改選前から9議席減らし、公明党と日本維新の会を加えた「改憲勢力」は3分の2を下回った。すると安倍は「(改憲の)議論をすべきではないかという国民の審判だった」と言い出した。意味不明。選挙の結果を受けて共同通信社が調査したところ、安倍政権下の改憲に「反対」と回答したのは56・0%で、「賛成」の32・2%を上回っている。安倍は「国際社会における責任ある立場」などと与太を飛ばしながら、アメリカ隷属憲法への改悪を進めていく予定なのだろうが「国民の審判」は明らかに「NO!」なのだ。

世界史的に見れば、安倍とその周辺の勢力は今後追い込まれていく可能性が高い。世界の動向が十数年遅れで日本に入ってくるのは常だが、80年代イギリスのサッチャー政権がインフレ対策として行った新自由主義路線を、文脈抜きにデフレ下の日本で推進し、平成の30年をドブにぶち込んだのも自民党だった。

世界各国の指導者が移民政策の失敗を認め、グローバリズムの弊害について深刻な議論を進める中、全力で移民政策を推進したのも自民党。2008年6月、自民党の「外国人材交流推進議員連盟」は50年間で1000万人の移民を受け入れる提言をまとめている。そこには「移民庁」の設置まで含まれていたが、この議連は、安倍の政権復帰後に「自民党国際人材議員連盟」として復活。安倍一味による嘘、デマ、プロパガンダも実り、日本はすでに世界第4位の移民大国になっている。

連中にとっては最初から「日本」など眼中にない。いみじくも安倍がウォール街の証券取引所で宣言したように「国境や国籍にこだわる時代は過ぎ去った」のである。

ただし、ここまでくるとさすがに疑問に思う人々も増えてきた。「なぜわれわれはこんなに疲れているのか」と。構造改革をストップさせるという「れいわ新選組」の登場もその兆候だ。代表の山本太郎は「世の中変わるなら捨て石上等」と言っていたが、参院選では2議席を獲得し、政党要件を満たした。捨て石どころか、国会に確実にくさびを打ち込んだ。しかも、山本は落選したので自由に動き回れる。衆院選は遠くない。計算していたなら策士だろう。次の衆院選は賊軍の討伐と戦犯処理が争点になるだろう。

▼2019年8月3日

「ダメダメ人間の集まり」を自称する勢力の意味不明な教育進出

吉本興業の芸人の闇営業問題。宮迫博之、田村亮らが詐欺グループの忘年会に出席していたのが発端だが、その後、直接関係のない芸人たちが口をはさむことにより騒ぎが拡大していった。芸人と会社側の応酬はくだらないの一言だが、その過程で薄汚い連中の生態が明らかになったのは収穫だった。

現在、吉本と官邸は完全につながっている。安倍政権の成長戦略の目玉として設立された官民ファンド「クールジャパン機構」（海外需要開拓支援機構）は、吉本関連の事業に多額の税金を投入してきた。毎年のように赤字を出し、累積赤字は膨大な額に上るが、2020年の4月には100億円の出資が決まった。

なぜか？

同機構が「安倍首相の信頼の厚い世耕《せこう》弘成経済産業相のコントロール下」にあり、「安倍首相当人が吉本を気に入っているから、どうしようもない」（政府関係者）からだ（時任兼作「現代ビジネス」7月27日）。吉本側の「在京・在阪5社は吉本の株主やから大丈夫」という発言も、官邸や維新の会をバックにつけた自信から出たのだろう。

その100億円が流れている教育関連の新事業の発表では大崎会長、NTTの澤田純社長、同機構の北川直樹社長が登壇。司会者は冒頭、「日本を牛耳るお三方」と紹介。大崎は「吉本は全員がビリギャルみたいなもん。ぼくも含めてダメダメ人間の集まり。だから、いろんな人たちのお世話をするというのがベース」と発言。意味不明。なぜ「ダメダメ人間」が教育に関わらなければならないのか。その前に、社員教育を徹底しろ。

吉本の悪影響は大きい。参院選で9議席も減らした安倍がふんぞり返っているのも、4月に新喜劇に出演した際、池乃めだかに学んだのだろう。

面白かったのは島田洋七のコメント「岡本社長の話の8割は嘘」。ビートたけしの定番ネタ「洋七の話の9割は嘘」を思い出してしまった。ガダルカナル・タカのコメントもよかった。宮迫が金塊窃盗事件の主犯格からカネを受け取っていたとの報道について「2000%受け取ってない（宮迫の主張）というのは信じてあげてほしい。

2万%と言ったら、前にもありましたけど、ちょっと嘘っぽいところがありますけど」。これ大阪知事選に2万%出ないと言って出馬した橋下徹に対する皮肉という解釈でOKですよね。

▼2019年8月10日

“典型的テロリスト発想”を隠しもしないN国は「政界の肥溜め」だ

過去の悪霊がまた息を吹き返そうとしている。「NHKから国民を守る党」が参院選で1議席を取り、政党要件をクリア。これにより、連中は2019年分として5900万円の政党交付金を手に入れることになった。さらに所属議員が増えれば1人当たり約2430万円が上積みされる。

N国党は契約者だけがNHKを見られるようにする放送のスクランブル化を主張しているが、この手口も使い古されたものだ。私も含めて多くの国民はNHKのやり方に不満を持っている。こういうわかりやすい既得権益を叩くことで、社会に蔓延する不満、恨みつらみを吸収し拡大していく。平成の30年間はこの手の連中による「既得権を破壊することにより生まれる新しい利権」の収奪の繰り返しだった。

今回も薄汚い連中が集まってきた。国後島で大酒を飲み、「北方領土を戦争で奪い返すべきだ」「女を買いに行く」と騒いで日本維新の会を除名された衆院議員丸山穂高は、議員を辞めるどころか、歳費や文書通信交通費に加え、N国党から年間約2430万円を受け取ることになった。

構造改革利権屋の参院議員渡辺喜美も近寄ってきた。渡辺はサラ金業者の団体、道路特定財源関連の団体、商品先物取引会社から献金を受け、化粧品大手DHC会長からは使途不明の大金が流れている。受信料の前に「8億円の熊手」の説明をしろ。

党首の立花孝志は秘書暴行問題で自民党を離党する可能性がある衆院議員石崎徹にも声をかけている。以前、私は橋下維新は「政界の蠅取り紙」と指摘したが、丸山も渡辺もその維新からさえ除名されている。N国党は「政界の肥溜め」といったところか。

立花は危険人物である。

「法的には支払わなければいけないものを、あえて法律違反をしましょう。法律よりも守らなければいけないのが、道徳であり正義である——ということ。これは選挙前から言い続けておりますので」（「BuzzFeed」）

典型的なテロリストの発想だ。道徳観や正義感は人それぞれである。世の中には障害者を殺すことが正義だと考える植松聖のような人間もいる。正義や道徳はあくまでも法の下で追求しなければならない。それが法治国家の原則だ。

丸山は言う。

「（私も）毒なんですが、立花代表も十分毒で、まぜて劇薬にして、変えなければいけない部分に突っ込む薬にしたい」

毒に毒をまぜても毒にしかならない。小学生でもわかる理屈だ。

▼2019年9月7日

概念理解せず「責任」連発〝天然〟安倍晋三にはかなわない

安倍晋三は10月の消費税率の引き上げについて「リーマン・ショック級のことは起こらないだろう」との見通しを示し、予定通り増税するという。アホにも限度がある。消費税率の引き上げが「リーマン・ショック級」の事態なのだから。

2014年に消費税率が5％から8％に引き上げられたときには、景気が悪化し家計消費も大きく落ち込んだ。当時安倍は「判断する私の責任だ。結果にも責任を持たないといけない」と語っていたが、責任は取ったのか？

わが国においては言葉の意味がすでに蒸発している。安倍という男の人生を振り返ってみても、口を開けば「私の責任」と繰り返し、責任を取ることはなかった。佐田玄一郎、久間章生《きゅうまふみお》、赤城徳彦、遠藤武彦、小渕優子、松島みどり、西川公也、甘利明、今村雅弘、稲田朋美、桜田義孝……。閣僚が不祥事を起こし辞任するたびに、「任命責任は私にある」と言いながら、時間を稼いでほとぼりが冷めるのを待つ。

安倍は米英のイラク侵略に関し「大量破壊兵器がないことを証明できるチャンスがあるにもかかわらずそれを証明しなかったのはイラクだった」と発言している。いわゆる「悪魔の証明」問題で、挙証責任は当然イラクにはない。要するに「責任」という概念を理解していないのだ。

「責任政党として約束することは必ず実行する、できることを約束していく政党であらねばならない」と言った直後に公約違反を追及されると「これまでのお約束と異なる新しい判断」と言ってごまかす。外交はすべて失敗。「北方領土問題に終止符を打つ」と言って、プーチンに終止符を打たれ、「拉致被害者を自分の責任で取り戻す」と言ったかと思えば、「拉致問題を解決できるのは安倍政権だけだと私が言ったことはない」とニヤける。

森友学園への国有地売却をめぐる財務省の決裁文書改竄事件に関しては「国民の行政に対する信頼を揺るがす事態となった。行政の長として責任を痛感している。行政全般の最終的責任は首相である私にある」と言いながら、責任逃れに終始した。

2016年の暮れ、「首相にとって今年の1文字は?」と質問された安倍は「変化」と答えている。困った記者がもう一度「1文字にしたら?」と聞くと「責任」と答えた。植木等は〝日本一の無責任男〟を演じたが、「天然」の安倍にはかなわない。

▼2019年9月14日

日本完敗で達成された安倍晋三の「戦後外交の総決算」

ロシア政府がウラジオストクで開いた「東方経済フォーラム」全体会合で安倍晋三が演説。プーチンに向かって、「ウラジーミル。君と僕は、同じ未来を見ている。行きましょう、プーチン大統領」「ゴールまで、ウラジーミル、2人の力で、駆けて、駆け、駆け抜けようではありませんか」と発言。ネットでは「気色悪いポエム」「青年の主張」などと揶揄されていたが、恋をしているのかもしれない。これまでもプーチンに会えば、体をくねくねと動かし、瞳を潤ませ、全力で恭順の意を示してきた。

一方、プーチンは安倍を「金づる」「ぱしり」くらいにしか思っていない。安倍がウラジオストクに到着した日には、色丹島に建設された水産加工場の稼働式典にテレビ中継で祝辞を述べ、実効支配をアピール。会合翌日には「(北方領土は)スターリンが全てを手に入れた。議論は終わりだ」と切り捨てた。要するに最初から1島たりとも返す気はない。

安倍は演説でロシアの四行詩を紹介。

「ロシアは、頭ではわからない。並の尺度では測れない。何しろいろいろ、特別ゆえ。ただ信じる。それがロシアとの付き合い方だ」

安倍がやっていることはこれだ。ホストに大金を貢ぐおばさんと同じ。プーチンが安倍と27回も会ったのはなぜか。「同じ未来を見ている」からではない。ボンクラが日本の総理をやっているうちに、むしり取れるものはむしり取るためだ。狡猾なプーチンが千載一遇のチャンスを見逃すわけがない。

2018年9月12日、プーチンは、平和条約締結後に2島の引き渡しを明記した日ソ共同宣言に言及した上で、「前提条件をつけずに年内に平和条約を締結し、すべての問題の議論を続けよう」と発言。これは日本とロシアが積み重ねてきた交渉のすべてを反故にするものだが、安倍は拒絶するどころか謎の満面の笑み。この態度が問題になると、「プーチンに対し直接反論した」と嘘までついている。ある意味で安倍の言う「戦後外交の総決算」は達成された。日本の完敗という形で。実際、政府は「北方四島は日本に帰属する」という記述を外交青書から削除している。この期に及んで安倍政権を支持する日本人がいるのだから、戦後の平和ボケもここに極まったと言うべきだろう。

▼2019年9月21日

腐敗の象徴揃いの「開き直り内閣」にひと安心

第4次安倍再改造内閣、どうなることかと不安だったが、まずは安心した。安倍がまともな人材を集めて組閣していたら目も当てられなかった。次の衆院選に向けて、国民の怒りも高まり、野党共闘の流れが出てきたのに、水を差されることになってしまう。

しかし杞憂に終わったようだ。19人の閣僚のうち17人が交代、13人が初入閣にもかかわらず、なんの代わり映えもしないのは、安倍政権の腐敗の象徴が勢ぞろいしたからだろう。加計学園事件のキーパーソンで加計学園が運営する千葉科学大客員教授の萩生田《はぎうだ》光一を文部科学相にしたり、自身のウェブサイトが数カ月にわたり閲覧できなくなっている理由について「よくわからない」と答える78歳のおじいちゃんを科学技術・IT担当相にしたり、ネトウヨ路線に活路を見いだし、いつ暴発するかわからない河野太郎を防衛大臣にしたり、完全にカオス状態。衛藤晟一《せいいち》、加藤勝信ら、安倍友もしっかり入閣。雲隠れしていた甘利明は党税制調査会長にもぐりこんだ。

なお安倍は「総理大臣になるには、どうしたらいいのですか？」という小学生の質問に「友達をたくさん作ること」と答えてる。

一方で「外の目も入れていかなければ客観的な評価はできません」「今回の問題でなぜ近畿財務局の職員が自ら命を絶たなきゃいけなかったんですか」と公文書改竄等を批判した石破茂および石破派は閣僚メンバーから完全にパージされている。わかりやすすぎる。

誰もが笑ったのが小泉進次郎の環境相就任だろう。私がツイッターで《以前、進次郎さんの発言をほぼすべて確認したのですが、批判する場所が一か所もなかった。内容がゼロだから批判しようがない。「砂糖は甘いんです。僕は昔からそう思っている」みたいなことを遠くを見つめながら言う。政治家にはあまり向いていないと思います》と書いたら5日間で150万件を超えるインプレッションがあった。要するに多くの国民が呆れ果てているということだ。揚げ句の果てには内閣府政務官に今井絵理子を起用。この人、不倫以外になにかやったのか。しかも1期目。安倍は「安定と挑戦」と言っていたが、これはわれわれ日本人に対する挑戦だろう。

役者は揃った。安倍政権はこれまでの路線を踏襲し、ぶれずに衆院選に突入してほしい。

▼2019年9月28日

〝出落ち芸人〟への道を突っ走る進次郎

小泉進次郎の快進撃が止まらない。正直、ここまでのタマとは思っていなかった。

環境相に就任したとはいえ、政治家になってからの実績が特にあるわけではない。政策も国会の議員配布資料のペーパーレス化とか深夜国会による時間の無駄遣いの削減とか、いずれも主婦の節約術レベルの話。だから、まともに勉強もしないまま親の地盤を継いで政治家になったよくあるタイプのボンボンだと思っていた。

しかし、「地位は人をつくる」のか、入閣後の発言は突き抜けた感がある。

東京電力福島第1原発事故に伴い除染で出た福島県内の汚染土は30年以内に施設から運び出し県外処分することになっている。この処分場の検討の遅れを記者から指摘された進次郎は、「約束は守るためにあるものです」とおなじみの「進次郎話法」（1+1=2のように誰もが反論できないことを大上段から言う）で返答。ドヤ顔でニヤリと笑った後、さらにひねりを加えてきた。

記者が「具体的には？」と聞くと、進次郎は遠くを見つめ、「私の中で30年後ということを考えた時に、30年後の自分は何歳かなとあの発災直後から考えていました。だからこそ、私は健康でいられればその30年後の約束を守れるかどうかの節目を見届けることができる可能性がある政治家だと思います」と言い、うんうんと2度うなずいた。

意味不明。30年後の自分の年齢は今の年齢に30を足せばいいいだけだが、要するに何も言っていない。また、「30年」という期限が法律で決まったのは２０１４年11月なので、発災直後から「30年後の約束」を考えていたというのも謎である。口が滑ったのか、若年性認知症なのか。基本的にいい加減なのだろう。

「必要なことはやるべき」といった進次郎のトートロジー（同義語反復）の数々もイラク復興支援特措法の定義を巡って「自衛隊の活動しているところが非戦闘地域」と暴言を吐いた父親の純一郎と同じ頭の構造。遺伝なのか、真似をしているのか、ブレーンが同じなのか？

このまま新ネタを投下していけば客寄せパンダから出オチ芸人くらいには出世するだろう。出てきた瞬間に失笑が漏れる。もっとも今回のふざけた組閣により、政権ごとコケる可能性は高いが。

第4章

2020年10月〜12月

「桜を見る会」でいよいよ詰んだ悪夢の政権

●この期間の主な出来事

10月1日：日本の消費税率が8％から10％に引き上げられる
10月12日：令和元年東日本台風（台風19号）が各地に甚大な被害をもたらす
10月31日：妻陣営の公選法違反疑惑で河井克行法相が辞任
11月13日：菅官房長官が来年度の「桜を見る会」中止を発表
11月20日：安倍総理大臣の通算の首相在任期間が2887日に達する
12月18日：東京地裁が元TBS記者の不法行為に賠償命令

▼２０１９年10月5日

ナチスですか？　三浦瑠麗の見識に頭がクラクラする

国際政治学者を名乗るコメンテーターの三浦瑠麗《るり》が、国際芸術祭「あいちトリエンナーレ」の企画展「表現の不自由展　その後」についてツイッターに連投。

《大衆的な民主主義の時代においては、一番の権力者は民衆です。彼らに全く受け入れられない「アート展」には持続可能性がありません。公共の場を借りた展示が、多くの人の学習意欲を満たし、十分に教育的で説明的であってほしい、という需要に応えるものになっていくことが求められている結果です》

頭がクラクラ。これは企画展の是非や補助金の不交付がどうこうといった問題がぶっ飛ぶほどの恐ろしい発言だ。要するに三浦は「一番の権力者」に「受け入れられない」アートを否定しているわけだ。

ナチスですか？　ヒトラーは印象派などの近代美術を「退廃芸術」として攻撃。芸術を「学習意欲を満たし、十分に教育的で説明的」なものに限定していった。スターリンも芸術を「学習」「教育」のために利用した。「ロシア・アバンギャルド」は弾圧され、「社会発展のために役に立つプロレタリア芸術」のみが認められた。こうして芸術は党の管理下に置かれるようになった。

三浦は展示品に対し「説明不足」「鑑賞者に説明なしに黙って見ることを要請」と繰り返すが、芸術とは「鑑賞者に説明なしに黙って見ることを要請」するものである。そもそも簡単に説明できるものなら芸術という形式をとる必要はない。

なお、ここで論じているのは展示品が芸術か否かではない。三浦の芸術観が幼稚で浅はかであるだけでなく、過去の悪霊の復活につながることを指摘しているのだ。

三浦は展示品の作者に対し《そもそも、何をもってして「目覚めた自分」と「目覚めていない大衆」を分けているのか》と批判するが、それはこちらが聞きたい。三浦の文章からにじみ出るのは「自分は目覚めた側の人間であり、社会を俯瞰的に眺めている」という傲岸不遜な態度である。

そんなルリ（39歳）が考える「一番の権力者」に受け入れられ「持続可能性」のある「学習意欲を満たし、十分に教育的」な芸術展とは何か。ナチス公認の「大ドイツ芸術展」というのもあったが、われわれの社会は20世紀の愚行を繰り返そうとする危険人物に対し寛容に過ぎるのではないか。

▼2019年10月19日

国民の命を数でしか捉えないソロバン政治の自民党

台風19号の豪雨により、宮城や長野、福島など7県の111カ所で河川が決壊。また、土石流や地滑りなどの土砂災害は19都県で200件を超えた。死者79人、行方不明者10人（10月17日現在）を出したこの大災害に対し、自民党幹事長の二階俊博は「まずまずに収まったという感じだ」と発言。詳しい状況がわからず、被害が拡大している中での暴言に国民や野党から批判が相次いだ。

その後、二階は「日本がひっくり返るような災害に比べれば、そういうことだ」と釈明。聞いているほうがひっくり返る。

騒ぎが大きくなると、「被災地の皆さまに誤解を与えたとすれば表現が不適切だった」と被災者が誤解したことにし、記者から「訂正、撤回するか」と聞かれると、ふてくされ、語気を強めて「不適切であると言っているわけですから、それはその表現を重ねて発言しようと言っていることではないでしょ。それでいいんじゃないですか」と開き直った。

要するに国民を数でしか捉えていない。今の自民党はプロパガンダとマーケティングの手法を悪用して票を集めているので、自然とこうした発言が出てくるのだろう。

しかし被災者は数字ではなく生身の人間だ。福島県郡山市では母と息子が土砂崩れに巻き込まれて亡くなった。神奈川県相模原市では家族4人が乗った車が川に転落し、父母と長女の遺体が見つかった。行方不明だった8歳の長男とみられる遺体はようやく発見された。台風が関東に上陸する前日、安倍晋三は有楽町の「アピシウス」でフランス料理を食っていた。デフレ化における消費税増税もそうだが、今は人の痛みがわからない連中がソロバン勘定で政治をやっている。

台風は天災だが安倍は人災だ。二階は党則をねじ曲げてまで安倍3選を押し通し、自分の幹事長のポストを確保したが、最近は「安倍さんのあとは安倍さん」「(4選について) おのずとそういう声が出てくる」などと言い出した。なにが「おのず」だ。前回も今回も二階が動いているのである。

「今(次の首相に)手を挙げている人はいない。(自民党の)過去はウエーティングサークルにバットを持っている人がいっぱいいいた。今はそれがない」

そこまで人材がいないなら国民のために自民党は下野すべきだ。

▼2019年10月26日
統計学的手法を用いない世論調査はゴミと同じ

先日、ネット上のニュースを見て驚いた。「『東京でマラソンを見たい』札幌案に6割が反対」（「テレ朝ニュース」10月19日）という記事。内容はこうだ。

《2020年の東京オリンピックの「マラソン」と「競歩」を札幌市で開催する案が浮上したことを受け、東京都には18日までの2日間で223件の意見が寄せられました。このうち「東京でマラソンを見たい」など約6割の129件が反対意見でした。一方、「選手の健康と安全を考慮すべき」など賛成意見も26件あったということです》

羊頭狗肉である。これはわざわざ都庁に電話したヤツのうち6割が反対だったというだけの話。「6割」と見出しに数字を打つのは意味がないだけではなく社会を間違った方向に導きかねない。電話が1本しかなくそれが反対意見だったら「10割が反対」と報じるのか。このような数字の悪用は少なくない。

なお、朝日新聞社の全国世論調査（電話・19、20日実施）によれば札幌案「反対」は36％、東京都に限定しても40％だ。当たり前の話だが、統計学的な手法を用いていないものは世論調査ではない。標本は無作為抽出（ランダム・サンプリング）でなければゴミと同じ。

同時期の産経新聞社とFNNの合同世論調査（19、20日実施）では安倍内閣の支持率は51・1％だったが、これに対しネット調査の数字を持ち出し、大手メディアはおかしいと言い出す人々がいた。

その調査では「安倍政権を支持しない」は94・8％、「支持する」は3・3％、「どちらでもない」は2・0％になっていた。彼らは「真実はこちらの数字だ」「選挙結果と一致しないのは不正選挙のせい」「最初から結果ありきの大手メディアの不正統計にはガッカリ」と騒ぎ立てたが、ガッカリはこちらのセリフだ。

SNSなどでアンケートを取れば同じような傾向の連中が答えるので偏った数字が出る。それ以前にネットでは無作為抽出ができないので数字の信用性はゼロに等しい。必然的に現実との整合性は取れなくなるが、最終的に彼らは陰謀論に逃げ込む。こうした雑な批判では足をすくわれるだけだ。

安倍政権とその周辺メディアが垂れ流すプロパガンダに対抗できるのはデマの拡散ではなく、唯一、地道な論理の積み重ねである。

▼2019年11月2日

人材育成の機会がなくなれば出来損ないのボンボンばかりがトップになる

浪人中は加計学園が運営する千葉科学大学の客員教授に収まり、文部科学相も務める萩生田光一がテレビ番組に出演。大学入学共通テストに導入される予定の英語民間試験についてキャスターから制度が不公平との声があると指摘されると、「そこは、自分の身の丈に合わせて」と発言。萩生田は加計学園事件のキーパーソンで、「幸福の科学」による大学設立に奔走した「教育行政のエキスパート」ということもあり、余計に注目が集まったようだ。

まずは事実関係を整理する。

①受験には定められた期間内に受けた英語民間試験の2回分が採用される。家庭が裕福なら期間前から何度も練習として試験を受けることができる。また、民間試験は都市部でしか行われないものもある。居住地によっては、試験を受けるために交通費や宿泊費がかかる。

②民間試験は英検やTOEFLなど7種類に上るが、それぞれ問題の傾向も難易度も

違う。成績を一律評価できるかは疑わしい。全国高等学校長協会は、制度を見直すよう求める要望書を文部科学省に提出。制度を利用しないと表明した大学・短大は約4割に上る。

要するに、貧乏人や田舎者は「分をわきまえろ！」ということだろう。「このままでは経済格差が教育格差につながる」と懸念する声もあったが、すでに日本はそうなっている。

家柄がいいという理由だけで出来損ないのボンボンが国のトップになってしまう。勉強が大嫌いで嘘をつくしか能がなかったガキ(野上忠興著『安倍晋三　沈黙の仮面』)が、小学校からエスカレーターで大学に進み、いつの間にか卒業。南カリフォルニア大学政治学科留学と自称していた時期もあるが英語はしゃべれず、義務教育レベルの漢字も読めず、日本語は大の苦手。歴史、政治、憲法について無知をさらし、箸も持てず、犬食いで、迎え舌。精神の成長が止まった65歳児が今では玩具を振り回すようにして国の破壊にいそしんでいる。

福沢諭吉は「天は人の上に人を造らず」と言った。彼は別に平等主義を説いたわけではない。されども世の中には愚者が多い。だから「学問を身につけよ」と言ったのだ。官房長官の菅義偉は萩生田について「適材適所」と強弁していたが、政権にバカが集結したのも、人材を選別育成する制度が機能しなくなったからではないか。

▼2019年11月9日

責任をとれない社会のダニを担ぎ上げた有権者に罰が下っている

菅原一秀の経済産業相辞任に続き、河井克行が法相を辞任。第2次安倍晋三政権発足後、不祥事や失言での閣僚辞任は9人（健康問題を除く）になった。そのたびに安倍はバカの一つ覚えのように「任命責任は私にある」と繰り返してきたが、もちろん、ただの1回も責任を取ったことはない。先日の「毎日新聞」の記事によると「責任は私に」という発言は、33の本会議・委員会で49回に上るという。

そもそも安倍は「責任」という概念を理解していない。閣僚の任命責任について問われると「その責任は、究極的には、しっかりと政策を前に進めていくことによって果たされるべきものだと考えています」「内閣として、総理大臣として一層身を引き締めて行政の責任を果たしていきたい」などと答えている。反省して引き返すどころか、これまでやってきた政策を「前に進める」と言うのだから、意味がわからない。

要するに、閣僚が辞めたら「責任は私に」と言えばいいと機械的に覚えているだけで、何を食べても「ジューシー」と言うのと同じ。そうなると、安倍に責任を問うこと自体が適切なのかという問題が出てくる。

中世ヨーロッパでは一部で動物裁判が行われた。17世紀のフランスでは、痒みで人を苦しめた南京虫が銃殺刑になっている。一方、近代人はダニに刺されてもダニに対して怒ったり、裁判にかけようとはしない。ダニは責任という概念を理解していないと考えるからだ。では、社会のダニの場合はどうか?

モラルをまったく持たない人間はごく少数だが一定の割合で存在する。そして今のような近代が終焉に向かう過渡期においては、近代的な意味における「人間」という概念から大きく逸脱した安倍みたいな存在が暴走し、概念自体が成立しなくなっていく。

とはいえ、依然われわれは近代の枠組みの中で生活している。責任の所在を明らかにしなければ近代社会は成立しない。これまでのケースを見る限り、安倍が責任を取ることはないので、結局、尻ぬぐいをするのは国民ということになる。そしてすでに、国力の衰退という形で罰は下っている。

今、責任を問うべきなのは安倍ではない。責任を取れない社会のダニを担ぎ上げ、放置してきた日本社会および有権者である。

▼2019年11月16日 安倍政権は桜を見る会でいよいよ詰んだ

安倍一味が国のカネを支持者に横流ししていた件。すでに多数報道されているので簡単に説明しておく。「桜を見る会」が始まったのは1952年。各界で功績を上げた人や著名人を招待するもので、飲食費を含めた開催費用は公金（2019年は5520万円）で賄われている。2019年の参加者は1万8200人。例によって論点をずらそうとする連中の工作が始まったが、「桜を見る会」が問題なのではなく「桜を見る会」に後援会関係者を呼んだことが問題なのだ。

安倍の地元山口県からは支持者850人が貸し切りバスに乗って参加。安倍は「招待者の取りまとめなどには関与していない」と答弁していたが、「桜を見る会」を日程に含んだ案内状が安倍の事務所から地元有権者に送付されていたことが発覚。会の前日には都内のホテルで安倍夫婦同席の夕食会が開かれていたが、このとき集めたカネは収支報告書に記載されていない。公職選挙法違反や公金横領、政治資金規正法違反が疑われているが、すでに証拠は山ほどある。

安倍の後援会関係者は《早朝7時30分にホテルを出発し貸切りバスで新宿御苑に向かい、到着するとすぐに安倍首相夫妻との写真撮影会が満開の八重桜の下で行われました》《安倍首相には長く政権を続けてもらい、今後もずっと「桜を見る会」に下関の皆さんを招いていただきたいと思い新宿御苑をあとにしました》とブログに書いていた。

自民党の稲田朋美、松本純、長尾敬、世耕弘成、萩生田光一らの後援会関連者も「桜を見る会」に参加。それらは文書に残されていた。

要するに詰み。完全にアウト。後は事務的な手続きになるのだろう。

今回発覚した国家の私物化は氷山の一角に過ぎない。「桜を見る会」には安倍に近い統一教会の関連政治団体「世界戦略総合研究所」の事務局次長や悪徳マルチ商法「ジャパンライフ」の会長も招待されていたが、今後は森友学園事件、加計学園事件を含めた一連の安倍事件の全容を解明しなければならない。これは、わが国が法治国家の体裁を維持できるかという問題にも関わってくる。

安倍は今すぐ議員辞職し、これまで何をやってきたのか洗いざらい白状すべきだ。そして、こんなバカを7年間も総理の座につけ放置してきた日本社会は深く反省すべきである。

▼2019年12月14日
7年に及ぶ社会に対する安倍のテロを許すな

しかし、本当にひどい7年間だった。安倍政権がやったのは国と社会に対するテロだった。これは大げさな表現ではない。

安保法制騒動では憲法破壊に手を染め、しまいには首相補佐官が「法的安定性は関係ない」と言い出した。北方領土の主権は棚上げされ、不平等条約締結に邁進。国のかたちを変えてしまう移民政策を嘘とデマで押し通し、森友事件における財務省の公文書改竄、南スーダンPKOにおける防衛省の日報隠蔽、裁量労働制における厚生労働省のデータ捏造など、一連の「安倍案件」で国家の信頼性を完全に破壊した。水道事業の民営化や放送局の外資規制の撤廃をもくろみ、皇室に嫌がらせを続け、今回の「桜を見る会」問題では、証拠隠滅を図りながら逃げ回った。

要するに悪党が総理大臣をやっていたのだ。この究極の売国奴・国賊を支えてきたのが「産経新聞」をはじめとする安倍礼賛メディアであり、カルトや政商、「保守」を自称する言論人だった。

2018年の国家公務員合同初任研修の開講式で安倍は、新人官僚約750人を前に「国民の信頼を得、負託に応えるべく、高い倫理観の下、細心の心持ちで仕事に臨んでほしい」と訓示を述べていたが、恥知らずにも程がある。官僚が「高い倫理観」をもったら困るのは自分だろう。

国会閉幕を受けた記者会見では、憲法改正について「決してたやすい道ではないが、必ずや私の手でなし遂げていきたい」と表明。「私は立法府の長」と国会で4回も言ったバカなので今に始まった話ではないが、自分の役職や権能すら理解していない。さすがに党内からも「憲法改正は国会が発議すべきもの」との声が上がったが、もはや末期症状である。

安倍と周辺の一味は嘘に嘘を重ね、時間を稼ぎ逃げ切ろうとしてきたが、ついには

「その時々の社会情勢に応じて（反社会勢力の定義は）変化し得るものであり、限定的・統一的な定義は困難だ」とする答弁書を閣議決定。これはテロリストがテロの定義はないと言い張るようなものだ。安倍の悪事は最後の一線を越えた。

▼２０１９年12月21日

野党はまず結束して論外な連中に立ち向かえ

「桜を見る会」に関する一連の騒動があった後の全国電話世論調査によると、安倍内閣の支持率は42・7％（共同通信）。42・7％もバカがいれば当然国は傾くが、興味深いのは安倍が疑惑に「十分に説明しているとは思わない」が83・5％もいること。「十分に説明しているとは思わない」のに支持する人間が多数いるということだ。いろいろ終わっている。

安倍と周辺の一味は最初から説明するつもりはない。時間稼ぎをして、次々と新しいトピックを打ち出すことで、国民が忘れるのを待っているだけだ。同時に周辺メディアを使い「一体いつまでやるのか」といったバカ向けのテンプレートを社会に投下している。

「一体いつまでやるのか」はこちらのセリフ。招待者名簿を出せば一瞬で終わる話だ。現在わが国で発生しているのは、政策論争でもイデオロギーの対立でもない。単に犯罪集団、カルトの広告塔、反社とつながる勢力による国家の私物化を野党が批判しているだけだ。

解散総選挙の話も出てきたが、野党共闘を妨害するメディアも増えてきた。「共闘は選挙やカネのための野合」「合流したところで政策が一致しないので分裂するはず」「政局ではなく政策論争をしろ」……。この手の連中は相手にする必要はない。立憲民主党、国民民主党、社民党、共産党、れいわ新選組は粛々と共闘を進めればよい。

基本政策を一致させたり、対等合併にこだわる必要もない。よく使われるたとえだが、宇宙人が地球を攻撃してきたら国同士が争っている場合ではなくなる。休戦協定を結び、地球を守る。それと同じで論外な集団には結束して立ち向かわなければならない。政策論争はその次の話。国が正常化してからゆっくりやればいい。

今野党がやるべきことは擁立候補の一本化とわかりやすい選挙の争点を提示することである。れいわ新選組代表の山本太郎は野党共闘について消費税率5%への引き下げを唯一の条件としている。共産党もこの条件をのんだ。ハードルも低いし、これでまとまればいいのではないか。必要なのは安倍の悪政を止めることであり、野党に過剰な期待をしていても仕方ない。選挙ではよりマシな選択をするしかないのだ。

▼2019年12月28日 伊藤詩織さん勝訴で開き直ったネトウヨ言論人のおぞましさ

元TBS記者山口敬之による伊藤詩織さんのレイプ事件。東京地裁は「酩酊状態で意識がない伊藤さんに合意がないまま性行為に及んだ」と認定し、山口に330万円の支払いを命じた。山口は、伊藤さんが著書などで被害を公表したことで名誉を傷つけられたとして逆に賠償を求めたが「公表内容は真実で、名誉毀損には当たらない」として棄却された。

この裁判が注目されたのは山口が安倍に極めて近い人物であるからだ。報道によれば、山口には逮捕状が出ていたが、逮捕直前に警視庁刑事部長だった中村格《いたる》が執行を取り消している。なお、中村は「週刊新潮」の取材に対し、この事実を認めている。

要するに「国家の私物化」という一連の安倍事件につながる可能性があるわけで、安倍周辺のネトウヨ言論人や政治家も伊藤さんを誹謗中傷し、セカンドレイプするのに躍起になっていた。裁判の結果が出ると一部は逃走を始めたが、すごいのは開き直った連中だ。

「Ｈａｎａｄａ」編集長の花田紀凱《かずよし》は山口の記者会見をセットアップ、そこにはなぜか自称文芸評論家の小川榮太郎が同席。小川は《伊藤氏は妊娠の事実がないことを確認したにもかかわらず、山口氏に対して執拗に妊娠の可能性を訴え、金銭を取ろうとした》などと本人に取材もしないまま妄想を垂れ流していたが、もともとカルトとつながるマルチ商法出身のいかがわしい人物なので、失うものはなにもないのだろう。

《ＬＧＢＴの権利を認めるなら痴漢の触る権利も認めるべき》などとキテレツなことを書いて「新潮45」を廃刊に追い込み、森友事件は「朝日新聞」の捏造で、「桜を見る会」の一件は野党とマスコミの嫌がらせだと騒ぎ立てた。

小川は山口を通して伊藤さんが事件当日につけていた下着の写真を見ており、デザインやブランドまで記事に書いていた。小川は自称変態で、「新潮45」にこんな文章も書いていた。

《私の性的嗜好も曝け出せば、おぞましく変態性に溢れ、倒錯的かつ異常な興奮に血走り、それどころか犯罪そのものでさえあるのかもしれない》

この「犯罪そのもの」の変態が強姦魔を擁護するというおぞましさ。当たり前の話だが、ヘイトスピーチもセカンドレイプも言論の自由には含まれない。伊藤さんは彼女を誹謗中傷した人物を訴えていくという。全面的に賛同する。

第5章

2020年1月〜3月

コロナ禍のどさくさ紛れで悪あがきする魑魅魍魎

●この期間の主な出来事

1月16日：新型コロナウイルス感染症の感染者が日本で初確認される
2月27日：新型コロナウイルス感染拡大防止のため全国の小中高校および特別支援学校に一斉臨時休校が要請される
3月24日：東京オリンピック・パラリンピックの延期が決まる
3月26日：辺野古埋め立てを巡る国の関与取り消し訴訟で、沖縄県の上告が棄却され敗訴が確定

▼2020年1月11日

2019年バカトップ10「首位は日本を代表する虚言癖男」

2019年も相変わらずバカな年だった。トップ10を挙げておく。

【第10位】屋山太郎

妄想系デマ垂れ流しライターの重鎮。「静岡新聞」に《徴用工に賠償金を払えということになっているが、この訴訟を日本で取り上げさせたのは福島瑞穂議員》《実妹が北朝鮮に生存している》などとデマを書いて裁判で敗訴。

【第9位】百田尚樹

トンデモ本『日本国紀』が話題に。フランシスコ・ザビエルとルイス・フロイスを間違えていた件に関しては《どっちにしても外人や》。《文芸の業界うんざり》と小説家引退を宣言し、ネット上で「どうせ閉店商法だろ」と揶揄されていたが、半年もしないうちに引退を撤回。「かまってちゃん」から引退したほうがいい。

【第8位】菅義偉

メディアの統制を進めてきた外道。緊張が高まる中東地域への自衛隊派遣について

「心配はしていない」と発言。すがすがしいまでの人間のクズ。

【第7位】竹田恒和

フランス検察は、日本オリンピック委員会会長の竹田の訴追（贈賄容疑）に向けて予審手続きを開始。竹田は退任したが、身の潔白が明らかになったわけではない。このまま逃げ切るのか。

【第6位】下地《しもじ》幹郎

中国脅威論を唱えていたが、中国企業から100万円の賄賂をもらっていたというオチ。維新クオリティー。

【第5位】橋下徹

引きこもりの長男を殺害した元農林水産事務次官について、「同じ立場だったら、僕も熊沢氏と同じ選択をしたかもしれない」と発言。親が「危険性がある」と判断しただけで殺人を正当化できるなら、あらゆる虐待が見逃されることになる。こんなのが弁護士。いい加減にしろよ。

【第4位】長谷川豊

日本維新の会元支部長。「相手はプロなんだから、犯罪の」と被差別部落を誹謗中傷し、参院選に出馬できなくなる。アホすぎ。
【第3位】山口敬之
元ＴＢＳ。伊藤詩織さんレイプ裁判で敗訴。山口を擁護していた連中を含め、安倍の周辺はこんなのばかり。
【第2位】小泉進次郎
バカ発言を連発し、年末には三股不倫が発覚。ポンコツ大臣からポコチン大臣へ出世した。
【第1位】安倍晋三
日本を代表する虚言癖。行政府の長なのに「私は立法府の長」と繰り返し、憲法改正を「私の手で成し遂げる」と発言。自分の権限も役職も理解していない。今年もバカな年になりそうですね。

▼2020年1月18日
ディストピアを現実化した安倍政権の正体

安倍政権がまた公文書を改竄した。もはや反国家的な犯罪組織と言っていい。菅義偉は事実を認め（1月14日）、内閣府が2019年11月に国会に「桜を見る会」の推薦者名簿を提出した際に、推薦した部局名を隠す加工をしていたと明らかにした。「極めて不適切な対応で、今後、このような行為を厳に慎むよう内閣府に徹底した」とのこと。

菅は1月9日にも、招待者名簿の廃棄記録を内閣府が残していなかった件について「文書管理の徹底を指示した」などと言っていたが、アホにも限度がある。腐敗した組織の幹部が指示しても意味がない。第三者が徹底的に検証すべきだ。

近代の悪はどのような形で現れるか。ジョージ・オーウェルの近未来小説『一九八四年』の主人公の仕事は公文書の改竄である。「党」にとって都合が悪い過去の事実を抹消し、新たに歴史を捏造する。そこでは、言葉の破壊活動が継続的に行われる。たとえば強制収容所を「歓喜キャンプ」と言い換える。「党」の目的は国民の思考を止めることだ。これは全体主義国家のパロディーだが、こうしたディストピアをそのまま現実化したのが安倍政権だった。安保法制騒動では憲法の解釈をひっくり返し、最後には首相補佐官が「法的安定性は関係ない」と言い放った。

一連の安倍晋三事件では、省庁をまたがる形で公文書改竄、日報隠蔽、データ捏造などが行われ、嘘とデマ、プロパガンダが連日のように社会に垂れ流された。連中が説明を拒絶し、証拠隠滅を図ろうとするのには理由がある。これまでも時間稼ぎをして新しいトピックを打ち出すことで逃げ切ってきたからだ。

だからわれわれは何度も思い出さなければならない。「桜を見る会」には、統一教会の関係者、悪徳マルチ商法の「ジャパンライフ」会長、反社会的勢力のメンバー、半グレ組織のトップらが呼ばれていた。安倍と周辺の一味は税金を使って支援者を接待し、後援会関係者による前夜祭の明細書も隠蔽。「反社」の定義も勝手に変更した。嘘と現実の矛盾が生まれ、整合性が取れなくなれば、現実のほうを歪めていく。

今回の改竄も、「推薦者名簿は廃棄済み」という国会答弁との整合性を図るためだった。安倍政権は日本の敵であるだけではなく、人類の敵、文明の敵である。

▼2020年1月25日

「立憲」も「国民」も完全に日本国民に見放される

立憲民主党と国民民主党の合流騒動。すでに統一会派を組み、幹事長レベルで協議を重ねてきたが、1月10日に行われた党首会談は決裂。国民の玉木雄一郎は「新しい政党名は民主党はどうか」「原発ゼロ法案は一度撤回して再協議してはどうか」「新党の綱領に改革中道との文言を入れてもらえないか」などと提案したが、立憲の枝野は応じず、最後まで党名にこだわったという。

アホか。党名などどうでもいい。多くの国民は「立憲民主党」などという党名になんの思い入れもない。一体どこを見て政治をやっているのか。

私のツイッターにはボットに登録した次のような文章が定期的に流れる。

《「安倍さんを降ろして、その先はどうするんだあ！」という安倍信者みたいなのがいた。チンパンジーがトラックを運転していたら、とりあえず止めるのが先でしょう。バカなんですかね？》

すると必ず湧いてくるのがネトウヨや安倍信者の《そのチンパンジーを降ろせない野党はサル以下》というテンプレート。思考停止だしワンパターンだが、ある意味では正しい。劣悪な政権の暴走が続いているのは野党にも責任がある。

やはり現状認識がおかしいのではないか。枝野は口を開けば「国会論戦に集中」と言うが、今、自民党と野党の間で発生しているのは「政策」の相違ではない。「国家の私物化」という犯罪を許していいのかどうかである。よって野党は、「政策」でまとまる必要はない。野合でいい。とにかく現政権に対抗するための、わかりやすい投票先を整備することだ。一方の玉木も「どちらかの考え方に寄せていってはみんなが納得できる形にならない」などと言っていたが、小学校の児童会かよ。

大局を見るべきだ。政権と反社会勢力やカルトとのつながり、IR疑獄、公文書改竄や虚偽答弁の横行……。いかがわしい勢力が国を乗っ取っている以上、今、野党がやるべきなのはあらゆる手段を使って悪党を引きずり降ろすことだ。

国が危機にさらされたとき、政治家は体を張らなければならない。それには危険が伴う。しかしその大義を忘れ、自分の次の選挙のことしか考えられないのなら、安倍犯罪政権の補完勢力として、今度こそ国民から完全に見放されるだろう。

▼2020年2月8日

政治資金も下半身も管理できず〝総理候補〟?

ワイドショーが俳優の不倫について騒いでいるが、なぜそこまで熱中できるのか理解できない。他人のプライベートな話などどうでもいい。池に落ちた犬を棒で叩くのがそんなに楽しいのか。ゲスの極みである。

一方、政治家の不倫については騒ぐべきだ。特にホテル代が政治資金で支払われていたならなおさらだ。俳優も含めて表現者と政治家では求められるものが違う。表現者はその性格上、社会の規範に縛られないアウトサイダーとしての側面を持つ。よって過度なモラルや品性を求めるのは筋違い。そんなことを言い出せば、ジュネもバロウズも永山則夫も読めなくなる。一方、政治家には品位と倫理が求められる。もっと言えば、それが唯一の条件だ。下品な人間が政治をやれば国は下品になる。今の日本のように。

小泉進次郎は人妻と不倫、その際利用したホテル代を政治資金で支払っていたという。人妻は小さい子供を実家に預けながら逢瀬を繰り返し、夫にバレて離婚。家庭崩壊に追い込んだ揚げ句、進次郎は逃げ切り、滝川クリステルとデキ婚を発表した。なおその人妻と滝川は親友だったそうな。ゲスな話だねえ。書いていて嫌になってきた。

しかも同時期に復興庁の元部下の女性とホテルで密会、さらにメーキャップアーティストの女性を赤坂の議員宿舎に呼びつけていた。これではチンポが乾く暇もない。

ポンコツ大臣から三股ポコチン大臣へと進化した進次郎だが、頭の悪さは昔から変わらない。「個人の事柄」と回答を拒否していたが、官邸前での結婚報告から出産発表まで「個人の事柄」をネタにしてきたのはチン次郎本人ではないか。赤坂に議員宿舎があるのに年に何回も十数万円級の高級ホテルに泊まっていることを国会で追及されると「大半のものは秘書が宿泊した」と無理な答弁。

「週刊文春」は疑惑を裏付ける領収書と進次郎のメールを入手。

人妻《待ちきれない～！今日は進次郎さんの夢見られますように》

チン次郎《今新幹線で着いたよ^_^ 今夜は楽しみにしてるよ^_^》

絵文字が哀しい。総理候補として名前が挙がった時期もあったが、政治資金もチンポの管理もできない男には無理。17歳の環境活動家グレタ・トゥンベリさんにも嫌われちゃうね。「大人は汚い」って。

▼2020年2月15日
噛みしめるべき三島由紀夫の警告「日本語を守れ」

《「守る」とはつねに剣の論理である》(『文化防衛論』)と作家の三島由紀夫は言った。

では、「剣」により何を守るのか？ 三島は言論の自由と代議制だという。
《言論の自由を保障する政体として、現在、われわれは複数政党制による議会主義的民主主義より以上のものを持っていない。この「妥協」を旨とする純技術的政治制度は、理想主義と指導者を欠く欠点を有するが、言論の自由を守るには最適であり、これのみが、言論統制・秘密警察・強制収容所を必然的に随伴する全体主義に対抗しうるからである》（「反革命宣言」）

三島は敵を、右と左の両翼から発生する全体主義と正確に見定めた。その兆候は言葉の破壊として表れる。だから三島は「日本語を守れ」と言ったのだ。

戦後最大の言葉のごまかしは軍隊に関することだろう。自衛隊は誰がどう見ても軍隊である。よって違憲である。憲法9条を読めば誤読しようがない。しかし歴代政権はデタラメな解釈を積み重ね、白を黒と言い張り、現実から目を背けてきた。三島が命をかけて戦ったのはこうした言葉に対する不誠実な態度である。

戦後の腐敗の成れの果て、簡単な日本語を使うのもおぼつかない安倍晋三という「幼児」がやってきたことは、一言で言えば日本語の破壊だ。低劣な言葉遊びで集団的自衛権を行使できるようになる安全保障関連法を押し通し、公文書改竄やデータ捏造といった一連の「安倍晋三事件」で物理的にも「言葉」に攻撃を仕掛けてきた。

安倍は9条の1項（戦争の放棄）、2項（戦力の不保持と交戦権の否認）をそのままにして自衛隊の存在を明記するという。アホにも限度があるが、これでは憲法は確実に空洞化する。過去の悪霊が現在暴走を続けている。三島は自衛隊がアメリカの戦争に巻き込まれることを危惧した。

《憲法改正のはてには再軍備強化によるアメリカ化が、あるいは左翼の言葉でいえば、アメリカ的独占資本主義化が、ますます進むおそれもあり》（「70年代新春の呼びかけ」）、《あと二年の内に自主権を回復せねば、左派のいふ如く、自衛隊は永遠にアメリカの傭兵として終わるであらう》（「檄」）

安倍に改憲させるのは、日本の歴史に対する犯罪であることを指摘しておく。

▼2020年2月29日
コロナ騒動を口実に泥舟から逃げ出す安倍ヨイショ連中

「だからあれほど言ったのに」という感想しか出てこない。私は昔から安倍とその周辺は反日売国カルトだから、放置しておくと国が壊れると指摘してきたが、実際そうなってから、騒ぎ出す連中が増えてきた。特に新型コロナウイルスを巡る政府のデタラメな対応は、そのツケを払うときが巡ってきたことを示している。残念ながら自業自得と言うしかない。安倍政権の7年間は、国と社会に対するテロだった。

安倍にだまされてきたバカもたいがいだが、メディアの役割を放棄し、安倍礼賛報道を続けてきた「産経新聞」界隈の反日メディアは万死に値する。安倍ヨイショライターの百田尚樹は《皆さん、政府は無能です。国民の命を守るんだ！という意志も能力もないことが明らかになりました》《もし、私が想像する最悪の事態になれば、後年、「鳩山由紀夫・菅直人以上に無能な首相」の烙印を押されるかもしれない…》などとツイート。「何を今更」である。

その「無能」に媚びへつらい、礼賛してきたのはどこのどいつなのか？ 手のひらを返した連中は安倍の壊国に加担した罪を悔いているわけではない。単に算盤をはじいて、コロナウイルス騒動を口実に泥舟から逃げ出そうとしているだけだ。仮にこの先、安倍が逮捕されるようなことがあっても、連中は知らぬ顔を決め込むのだろう。

私が好きなエピソードがある。三島由紀夫の友人の素人作曲家が、戦時中「大東亜行進曲」という曲をつくり、北支、中支総司令官に贈り感謝状をもらった。そして戦後は、題名だけを「民主主義行進曲」に変え、GHQへ贈り感謝状をもらったという。

三島は言う。

《私はどうも戦後の文化の状況を考えてみて日本人が一方に偏してしまい文化の中心のバランスを崩してしまったように思う。はやい話が戦争中、軍部に協力し鼓吹した人間が戦後たちまちオピニオンリーダーになって、こんどは平和主義、反戦主義、あるいは革命を唱え、あるいは日本の国家観念の破壊をくわだててきたという道すじをみると、私は筆をとる人間として恥ずかしくてしかたがない》(「私の自主防衛論」)

今、われわれがやるべきことは何か。恥知らずな連中の名前と顔をしっかりと記憶しておくことである。

▼2020年3月7日

コロナ対策より百田対策を優先する愚かな権力者

日本の危機管理の脆弱性《ぜいじゃくせい》をあらわにした新型コロナウイルス騒動。シャツの一番上のボタンを掛け違えれば、その下は全部ずれていく。要するに安倍晋三が総理をやっている時点で初動ミスなのである。

桜を見る会や東京高検検事長の定年延長問題の追及から逃げまわっていた安倍は、突如スポーツ・文化イベントなどの2週間の自粛を要請することを表明（2月26日）。その翌日には、春休みまで全国の小中高校に一斉休校を要請すると言いだした。新しいトピックを打ち出すことで問題をごまかすいつもの手口だが、これは専門家の意見も聞かずに安倍が独断で決めたものだった。

「政治は結果責任。その責任から逃れるつもりはなく、その責任を先頭に立って果たす」と開き直っていたが、安倍がこのように言うのは、過去の事例からもわかる通り、一切責任を取るつもりがないときである。

行動も発言もすべてがデタラメ。子供の発症、重症化は少ないのに、学校だけ閉鎖するのも意味不明。政府は学童保育（放課後児童クラブ）を受け皿にすると言いだしたが、学校なら感染して学童保育なら感染しないのか。科学的根拠を問われた安倍は「疫学的な判断をするのは、困難である」と答弁。無責任にも程がある。

「必ず乗り越えることができると確信している」らしいが、これでは国の崩壊に突き進んでいった先の大戦と同じだ。

国民に外出の自粛を求める一方で、安倍と周辺一味は宴会三昧。ヨイショライターの百田尚樹に批判されると、さっそく会食。コロナ対策より百田対策。秋葉賢也首相補佐官、小野寺五典《いつのり》元防衛相、ネトウヨの杉田水脈《みお》もパーティーを開いていた。連日の宴会を批判された安倍は「いけないことなのか」だって。2月29日の会見では、広報官が書いた原稿と事前に用意された記者の質問への返答(要するに出来レース)をそのまま読み上げ、最後は他の記者の質問を打ち切り、わずか36分で自宅に帰っていった。

安倍はどさくさに紛れて「緊急事態宣言の実施も含めた立法措置を急ぐ」と言いだした。われわれ日本人は今、コロナウイルスと安倍という2つの敵と戦っている。早急にやるべきなのは、一番上のボタンを外し、正確に掛け直すことだ。

▼2020年3月14日
よりによって安倍晋三が総理大臣だという悲劇

コロナウイルス騒動で東京オリンピックは中止になるかもしれないし、株は大暴落。

そこに国のトップが安倍晋三という悲劇が重なった。

当然、次の総理を急いで決めなければならないという話になってきた。先日私はツイッターにこう書いた。

《「だったらどんな総理大臣がいいんだ?」と聞かれました。私は総理大臣は哲人である必要はないと思っております。まずは常識人であること。人の痛みがわかること。義務教育修了程度の学力。最低限の品性。そして自分の役職や権限がわかっていること。「私は立法府の長」とか言う狂人は論外です》

このツイートのインプレッションは84万を超え、「いいね」が2万以上ついた。多くの人が同じことを感じているのだろう。

さらに言えば、嘘をつかない人がいい。

「移民政策はとりません」「採択されている多くの教科書で自衛隊が違憲であるという記述がある」「土砂投入に当たって、あそこ(埋め立て区域「(2)―1」)のサンゴは移している」「(福島の原発事故の)状況は、統御されています」といった膨大な数の嘘とデマを垂れ流すような人物は論外だ。

また、沖縄県沖で米軍のF15戦闘機が墜落した件について「(飛行)中止を申し出た」

とか、「北方領土問題を解決した上で平和条約を締結するのが日本の原則だと（プーチンに）直接反論した」などと外交の場においても平気な顔で嘘をつくやつは安全保障上大きな問題がある。

北方領土の主権を棚上げし、不平等条約の締結に邁進し、皇室に嫌がらせを続け、沖縄を見捨てる国賊・売国奴も総理にふさわしくない。

結局、最初の「常識人であること」という条件に戻ってくる。

無知は怖いが無恥はもっと怖い。ポツダム宣言と原爆投下の時系列も知らずに「戦後レジームからの脱却」を唱え、表現の自由も法の支配も理解せずに憲法を変えるという究極のバカが7年間も総理をやっていた。

安倍によると、総理大臣の説明が正しい理由は私が総理大臣であるからであり、総理大臣は森羅万象を担当しているとのこと。要するにカルトだ。現実と嘘の間に矛盾が発生すれば、言葉の定義自体を変えてしまう。「そもそも」「反社会勢力」の定義も勝手に変えてきた。

わが国に残された時間はない。まずは早急に政権の座からバカを引きずり降ろすことだ。

▼2020年3月28日
東京五輪開催の是非について冷静に考えることすらしないバカ政権

東京オリンピックの中止がいよいよ現実味を帯びてきた。

選手がオリンピック参加資格を得るためには、各種国際大会で予選を通過したり一定の順位に上がる必要がある。しかし、新型コロナウイルスの感染拡大を受け、多くの大会が相次いで中止に。だから開幕までに新型コロナウイルスが終息すればなんとかなるという話ではない。予選ができなければ、出場選手も決まらないからだ。

東京オリンピックの聖火は、3月12日にギリシャのアテネで採火されたが、ギリシャ国内のリレーはわずか1日で中止になった。その後、IOC（国際オリンピック委員会）は、東京オリンピック・パラリンピックを1年程度延期することを決定（3月24日）。

延期論はすでに浮上していた。カナダのオリンピック委員会は、東京オリンピックが今年開催される場合、選手団を派遣しないと明言。アメリカのトランプも「1年間延期したほうがいいかもしれない」と言っていたが、安倍は予定通り開催すると断言。

これまでトランプがどんなにムチャクチャなことを言っても、完全ケツなめ路線で追従してきたが、珍しくまともなことを言うと、反発する。

安倍はＩＯＣのバッハ会長と電話協議し、延期を受け入れたが、「中止は選択肢にない」との態度は崩していないようだ。要するに引き返せないのだろう。莫大な利権も絡んでいるし、安倍を担いできた財界も黙ってはいない。

しかし、原点に戻って冷静に考えるべきだ。一部の連中の利益のために、なぜ国を挙げてバカ騒ぎしなければならないのか？

安倍は感染拡大について「私たちは必ず乗り越えることができる」と言っていたが、根拠のない精神論では先の大戦と同じ結末を迎える。

そこで対案を考えた。オリンピックを開催する代わりに、柔道やレスリングなど濃厚接触を伴う競技は中止にする。卓球やバレーボールなどもやめたほうがいい。ここは思い切って砲丸投げだけにしたらどうか？会場も縮小し、小学校の校庭でやればいい。あるいは、各国で競技を行い、それをテレビ中継して優勝を決めてもいい。このご時世、飛行機に乗って同じ場所に集まる必要はない。金メダルは後日郵送すればいい。

第6章

2020年4月〜6月

パンデミックを加速させる お粗末なリーダーたち

●この期間の主な出来事

4月1日：安倍首相がいわゆる「アベノマスク」の配布を発表

4月7日：新型コロナウイルスの感染拡大を受け、7都府県に緊急事態宣言が発令される

5月21日：緊急事態宣言下で賭けマージャンをしていた東京高等検察庁の黒川弘務検事長が辞表を提出

6月18日：公職選挙法違反の疑いで河井克行衆議院議員と妻の河井案里参議院議員が東京地検特別捜査部に逮捕される

▼2020年4月4日

風前の灯になってきた小池百合子のモメンタム

東京都知事小池百合子の記者会見が話題になった。

小池は世界的に感染が拡大している新型コロナウイルスについて、「ロックダウン」の可能性に言及。今後3週間が「オーバーシュート」が発生するかどうかの重要な分かれ道になるとし、さらなる感染を防ぐためには、①換気の悪い密閉空間 ②多くの人の密集する場所 ③密接した会話を避けるという「ノー　スリー密」の徹底が重要だと指摘した。

また、東京はウイルスへの感染の発見が困難な若年層の「クラスター」が発生する恐れがあると指摘。IOC（国際オリンピック委員会）によるオリンピック延期の判断については、「（大会に）関わっているステークホルダーはたくさんいる」「東京都は一番重要なステークホルダーであろうと思う」と述べた。

「ロックダウン」「オーバーシュート」「ノー　スリー密」「クラスター」「ステークホルダー」……。

こうした小池の言動に対し、今のような国家の危機においては、一般人がわからないカタカナ言葉を使うべきではないとの声が広がった。

防衛相の河野太郎はツイッターでこう発言。

《クラスター　集団感染　オーバーシュート　感染爆発　ロックダウン　都市封鎖ではダメなのか。なんでカタカナ？》

河野は世間に迎合したつもりだろうが、ヤボの極みである。小池からこのネタを奪ったら、なにも残らないではないか。

この手の芸は、昔からある。ボードビリアンのトニー谷は片言の英語を日本語に混ぜる芸（トニングリッシュ）を確立。赤塚不二夫はトニーをモデルにして自称フランス帰りの「イヤミ」というキャラクターをつくり上げた。自称「カイロ大学を首席で卒業」という小池のプロフィールもその系譜だろう。

「政界のルー大柴」と呼ばれる小池のリーダーシップ哲学は「コンビクション」であり、東京は「サステイナブル」な「ダイバーシティー」であるべきで、エネルギー政策は「ゼロ・エミッション」を目指すそうな。ブルーオーシャン、スプリングボード、ワイズ・スペンディング、フィンテック、ホイッスルブロワー……。

世の中をけむに巻いてきた小池だが、オリンピックも「ビヨンド２０２０」もコケた今、小池の「モメンタム」も風前の灯である。

▼２０２０年４月11日

「バカな大将 敵より怖い」 非常時だからこそまっとうなリーダーを

新型コロナウイルスの感染拡大を受けて政府が緊急事態宣言を行った（４月７日）。しかし、そもそも安倍晋三が総理大臣であることが緊急事態なのだ。日報隠蔽、データ捏造、公文書改竄……。反社やカルトとつながり、事実を直視できないどころか捏造する異常な集団にコロナ対策をやらせようという発想自体がまずおかしい。

「国の危機なのだから政権批判をしている場合ではない」と言い出すやつもいるが、「バカな大将、敵より怖い」という言葉もある。非常時だからこそ、まっとうなリーダーにかじ取りをやらせなければならない。

国内で新型コロナウイルスの感染１例目が判明してから約３カ月。安倍が打ち出したのは「全世帯に布マスク２枚配布」だった。各家庭に布マスクを送るために、どれだけの人の手間がかかるのか。駆り出される配達員のことも考えていない。

そもそも布マスクに感染防止効果はほとんどなく、洗って繰り返し使うことでかえって不衛生になる可能性がある。外出自粛を要請しておいて、外出を前提とするマスクを配るのも意味不明。「何で断るの。私は2枚でも助かる」「いらないなら近所の人に渡すやさしさがほしい」みたいなトンチンカンな意見もあるが、素人の思いつきに200億円以上もかけるなら、医療体制の充実や使い捨てマスクの量産支援、ワクチン開発に回すべきである。

コロナウイルスに感染しない方法は簡単だ。人に会わなければいい。ただそれだけ。しかし、外に出て仕事をしないと生活できない人たちがいる。だから自宅待機している間、国がカネを出せという単純な話。

ところが政府は、大多数の人が給付の対象から外れる意味不明の制限をつけてきた。海外には60兆円をばらまいておいて、死ぬか生きるかの瀬戸際の国民には出し渋る。受給申請は市区町村への自己申告制というのも、窓口で感染を拡大させるようなものだ。アホにも限度がある。それなら布マスク2枚を受給申請制にして、現金を全世帯に配れっての。

結局、戦後の平和ボケと思考停止が行き着いた先が、安倍政権という地獄だった。不道徳な連中を7年以上も放置していた時点で、日本は危機管理ができていなかった。そういう国がどうなるか。今、われわれの目の前でそれが発生している。

▼2020年4月25日

アベノリスクを顕在化させたアベノマスク

安倍政権による新型コロナ対策の目玉「布マスク2枚配布」が大きな効果を見せている。さすがに国民は激怒。「小さすぎる」「洗うと縮む」「異臭がする」といった声が出ていたが、カビや汚れ、虫、髪の毛の混入も発覚。政府が妊婦向けに配布した布マスク50万枚のうち、21日時点で、143市区町村から報告が寄せられ、不良品の数は約7870枚に及んだ。厚生労働省の担当者は「不良品を見つけたら居住自治体に連絡してほしい」とコメントしていたが、ふざけるなという話。ギリギリのところでやっている自治体の仕事を増やしてどうするのか。

そもそも布マスクにウイルス遮断効果はない。それどころか毎回煮沸消毒しなければばかえって不衛生になる。ネットでは「アベノマスク」と揶揄されていたが、これは「アベノリスク」が顕在化したものだ。政府は発注先やメーカーをひた隠しにしてきたが、野党から追及され、受注企業3社について回答。契約金額は合計で約90・9億円。布マスク配布の予算は466億円なので、残り1社と差額はどうなっているのかという話。仮にパニックに乗じてカネを懐に入れた悪党がいたなら、明らかにしなければならない。

非常時には常識に立ち戻ることが大切だ。マスクは直接鼻や口に当てるもの。正体不明の粗悪品をあえて使う必要はない。

ちなみに受け取りを拒否する方法は簡単だ。布マスクが自宅の郵便受けに投函されていたら、開封せずに「受け取り拒否」と書いて押印または署名。そのまま近所の郵便ポストに入れるか、郵便局に持っていけばいいだけ。切手を貼る必要もない。

配達員の手間が余計に増えるという意見もあるが、専門家の意見も聞かずに、安倍とその友達の思いつきだけで国民の財産をドブにぶち込むやり方を放置するほうが危険である。大勢が受け取り拒否したら天下の愚策も途中で止まる可能性もある。

しかし466億円あれば何人の命が救えるのか。当初は配布する布マスクと同じものをパフォーマンスで着けていた安倍だが、今では不織布マスクを使っている。クズ野郎。

結局、安倍自体が布マスクのようなものだ。役に立たないどころか、汚れにまみれた欠陥品。新型コロナが落ち着くまで、富ケ谷の自宅に隔離しておいたほうがいい。

▼2020年5月2日

大阪のパチンコ店公表は全体主義の典型的手法

大阪府知事の吉村洋文が改正新型インフルエンザ等対策特別措置法に基づき、休業要請に応じないパチンコ店6店の店舗名を公表した（4月24日）。興味深かったのは、これに対する反応だ。ツイッター上には「吉村頑張れ」「店名だけでなく、会社名、オーナー名も公表してください」といった言葉が並んでいた。

たしかに今のような状況で店を開くパチンコ店もそこに通う客も褒められたものではない。

しかし彼らに対する素朴な怒りを利用することで勢力を伸ばそうとする集団には注

意したほうがいい。現在、新型コロナ騒動で人々の不安や不満はたまりにたまっている。連中にとっては最大のチャンスだ。世論に火をつけるにはスケープゴートが必要になる。今回ならパチンコ屋だ。断っておくがパチンコ屋を擁護するつもりはない。これが全体主義の典型的な手法であることを指摘したいだけだ。「社会の共通の敵」を設定し、さらしあげ、密告と私的制裁を奨励する。毛沢東の紅衛兵、ナチスのゲシュタポ、スターリンやポル・ポトがやったことも同じだ。

現在異常ともいえる維新礼賛報道が続いているが、ボロボロの安倍政権に見切りをつけた売国壊国勢力は今度は維新を担ぐ可能性がある。先日は《これが対コロナ最強布陣「橋下総理、小池長官、吉村厚生相」》なるアドバルーン記事まで登場した。

国民は冷静になったほうがいい。吉村は「パチンコの依存症問題に正面から取り組むべき」などと言っていたが、維新の会が進めるカジノ誘致によりギャンブル依存症は確実に増加する。

大阪維新の会法律顧問の橋下徹は大阪について「こんな猥雑な街、いやらしい街はない。ここにカジノを持ってきてどんどんバクチ打ちを集めたらいい」（2009年10月）、「小さい頃からギャンブルをしっかり積み重ね、全国民を勝負師にするためにも、カジノ法案を通してください」（2010年10月）などと発言していたが、これが連中の正体だ。コロナ対策の一律給付金10万円について、橋下は公務員や生活保護受給権者は受け取るなと言い出した。維新の会お得意の「公務員を叩いて社会に蔓延するルサンチマンを回収する手法」だが、こういう連中に拍手喝采を送っていると最後には国民に牙を向ける。歴史を振り返れば明らかだ。

▼2020年5月16日
安倍ヨイショからシフト　情報弱者を洗脳する維新礼賛パンデミック

つい最近まで安倍政権を礼賛していたメディア、言論人、芸人、ネトウヨの類いが、手のひらを返したように安倍を批判し、維新の会礼賛を始めている。しかし、官邸と維新の会はベタベタな関係。裏にいるのも同じような連中だ。安倍を使って日本を食いものにしてきた勢力が、今度は維新の会を担ぎ上げようとしているだけ。

この先、安倍が院政を敷き、橋下徹を民間大臣に登用する危険もある。

現在、特にスポーツ新聞やワイドショーは、連日のように異常な維新礼賛報道を垂れ流している。仲間内のホメ合いもパンデミックの様相を呈してきた。橋下が大阪府知事の吉村洋文をホメる→吉村が橋下をヨイショする→スポーツ新聞がそれを記事にする→大阪市長の松井一郎が吉村をホメる→吉村が謙遜する→ワイドショーがネタにする。最近はこの繰り返し。そして情報弱者は洗脳されていく。これも維新の会が昔からやっている「大阪モデル」だ。世の中に蔓延する不満や鬱憤を吸収し、デマとプロパガンダにより拡大していく。

先日、麹町文子《こうじまちあやこ》なる人物が橋下総理待望論、吉村総理待望論を書いていたが（プレジデントオンライン）その持ち上げ方が尋常ではない。

《首相は橋下徹、一択だ！》

《歯に衣着せぬ発言は物議を醸し、時に横暴との批判もつきまとうが、批判を恐れずに核心を突いていく「突破力」は有事のリーダーには欠かせない能力といえる》

「週刊文春」で能町《のうまち》みね子さんが、麹町文子の正体は、小池百合子の元秘書で「プレジデント」編集長の小倉健一ではないかと指摘していたが、社会が混乱するとそれに乗じて悪事を働く連中が出てくる。メディアの暴走を許せば安倍政権下よりタチが悪い地獄になる。

吉村が大学や病院など「オール大阪」でワクチン開発に着手すると表明すると、橋下はテレビ番組に出演。ワクチンが開発された場合、「僕が知事だったら大阪で抱え込む。大阪に企業の本社を持ってこない限りはワクチンは渡しません、とか」と発言。すべてはカネ。大阪以外の人間は新型コロナで死ねということか。冗談だとしても面白くもない。シンプルな人間のクズである。安倍政権崩壊後の受け皿になるのは政権批判を続けてきた政治家、政党である。漁夫の利を狙う安倍の補完勢力ではない。

▼2020年5月23日

検察庁法案と一緒にいかがわしい安倍一味も葬り去るべきだ

政府・与党が検察庁法改正案の今国会成立を断念（5月18日）。改正案をめぐっては、野党側が、内閣が認めれば最長で3年まで定年を延長できるとした規定の撤回を求め、武田良太国家公務員制度担当大臣に対する不信任決議案を提出したことから、与党は委員会での採決を見送っていた。

悪党の悪あがきを阻止したわけで野党（日本維新の会除く）の今回の働きは素晴ら

しかった。しかし、首の皮一枚で日本はつながったとはいえ、安倍と周辺一味が問題の本質を認めたわけではない。安倍は「丁寧にしっかり説明していくことが大事だ」などと言っていたが、やっていたのは、嘘、デマ、プロパガンダを流すだけ。「黒川検事長と2人で会ったことはない」も「検察庁法改正案は法務省の提案」も「人事案に対する官邸介入はありえない」も全部嘘だった。

今回は多くの国民が声を上げた。ツイッターの「#検察庁法改正案に抗議します」というタグがトレンド1位になったことも大きい。こうした中、安倍周辺の乞食言論人の動きは悪質だった。

加藤清隆とかいうネトウヨは先述のタグをつけてツイートした女性歌手に対し、《歌手やってて、知らないかも知れないけど、検察庁法改正案は国家公務員の定年を65歳で揃えるため。安倍政権の言いなりになるみたいな陰謀論が幅をきかせているけど、内閣が検察庁を直接指揮することなどできません。デタラメな噂に騙されないようにね》とツイート。論点を隠し「デタラメな噂」を流しているのはこのデマ屋である。

定年延長が問題になっていたのではない。法曹関係者が揃って指摘するように、内閣や法相が検察官人事に介入できるようになり、不偏不党を貫いた検察の職務遂行が妨害されるからだ。

百田尚樹は有名人による抗議のツイートに対し「黒幕は誰なんだろう」と発言。要するに、根っからの陰謀論者。安倍政権と同時に周辺のいかがわしい人物も社会の表舞台から追放すべきだ。

わが国はなぜ安倍みたいな虚言癖のモンスターを生み出し、総理の座につけ、7年以上にわたり放置してきたのか。これは国の安全保障と危機管理の問題である。今後は資料をまとめ、徹底的に検証しないと同じことの繰り返しになる。国民の手による第2の東京裁判が必要だ。

▼2020年5月30日
〝ポスト安倍の筆頭〟石破茂が国民の信頼を得る方法

報道各社の世論調査で安倍内閣の支持率が、政権維持の「危険水域」とされる20%台に下落した。最大の原因は、賭けマージャンで辞職した黒川弘務《ひろむ》前東京高検検事長の問題といわれている。

例によって安倍は嘘をつきまくり。「黒川検事長と2人で会ったことはない」も「検察庁法改正案は法務省の提案」も「人事案に対する官邸介入はありえない」も全部嘘だった。さすがに腐り果てた自民党内からも検察庁法改正案に対する異論は出ていた。衆院内閣委員会所属の泉田裕彦は、「国民のコンセンサスは形成されていない。強行採決は自殺行為だ」と採決で退席する意向を表明（5月13日）。その日のうちに委員から外された。

しかし、野党の抵抗により、政府・与党は今国会成立を断念（5月18日）。強行採決がなくなったことで一番安心したのは自民党議員ではないか。デタラメなやり方に賛同したら、国民の信頼を完全に失い、日本の歴史に泥を塗ることになる。

私が注目していたのは各種世論調査でも「次の首相にふさわしい政治家」の項目でトップになっている石破茂の動きだ。歴史にifはないが、強行採決があったら石破はどのように動いたのだろうか？

その後、テレビ番組（5月23日）で石破は「責任は感じることもあるが、取るということがある」と安倍の進退問題に触れ、ネット番組（5月22日）では政府が1月に黒川の定年延長を閣議決定した件について「憲法体系の一翼をなすものが検察庁法。

そして1981年、国家公務員法は検察官には適用されないという明確な答弁がある」「閣議決定はオールマイティーではないので、なんでもできるという話ではない」と発言。

いずれも正論だが、安倍がここまで増長したのは自民党の責任だ。

石破は「危機管理は、想像力を最大限に働かせて予期できないことを予期するというもの」と言うが、わが国にとって最大の危機は〝空前絶後〟のボンクラが7年以上も総理大臣をやっていることである。仮にこのまま石破総理が誕生したところで、安倍と周辺一味に対する一時的な牽制になるだけで根本的な解決にはならない。石破が国民の信頼を得る方法はただひとつ。今すぐ自民党内から悪党を追放するための具体的なプランを打ち出し、国政を正常化させることだ。

▼2020年6月20日

達成ゼロの公約バージョンアップに意味があるのか

7月5日に投開票される東京都知事選に、小池百合子が再選を目指し出馬。例によってこの手の連中のお決まりのフレーズ「改革」を打ち出してきた。今回は「東京大改革2・0」とのこと。では前回2016年7月の都知事選で掲げた「東京大改革宣言」「7つのゼロ」はどの程度実現されたのだろうか?

「待機児童ゼロ」も「残業ゼロ」も「満員電車ゼロ」も「介護離職ゼロ」も「都道電柱ゼロ」も未達成。「多摩格差ゼロ」は数値目標がなくそもそも意味不明。「ペット殺処分ゼロ」は達成したと胸を張っていたが、定義を変更して書類上ゼロにしただけ。

要するに達成ゼロ。実現ゼロ。知性もゼロ。責任感もゼロ。永遠のゼロ。そんなものをバージョンアップしてなにか意味があるのか?

「7つのゼロ」以外にも、「隠蔽ゼロ」というのがあったが、この4年間、小池がやってきたことは隠蔽そのものだ。豊洲市場移転問題では関係者を振り回し、まともな説明もしていない。日本維新の会の背後で動いていた上山信一や環境活動家の小島敏郎を顧問として雇い「スリー密」の密室政治をやっていた。

また、前回の都知事選では膨れ上がる東京五輪の開催費用を批判していたが、現在も招致の際に都が示した試算の倍近い約1兆3500億円のまま。関連費や延期費用を加えれば3兆円を超えるという計算もある。

迷走を続ける五輪開催に最後までこだわり、新型コロナへの対応をおろそかにしていたにもかかわらず、延期が決まると怪しげなカタカナ英語で世の中を惑わし、自分が強烈にリーダーシップをとっているように振る舞い始めた。

あらゆる行動が卑劣でデタラメなのは昔から。政党を渡り歩き、ただ権力のにおいのするところに近づいていく。小池の口癖は「私は負け戦には乗らない」である。《異端か、正統かを決めるのは「時代」以外の何物でもない。その時代に、どちらがマジョリティーを占めたか、だけの話である》（林修との共著『異端のススメ』）

これを悪性のニヒリズムと言わずになんというのか。

小池は「リセット」という言葉をよく使う。政治家は何を約束するかではなくて何をやってきたかである。過去はリセットできない。

▼2020年6月27日

安倍首相は逮捕されても「アタクチに責任があります」？

憲政史上最悪と名高い安倍政権がなぜ7年以上も続いたのか。一番の理由は、詰んでいるのにもかかわらず、最後に将棋盤をひっくり返すやり方を続けてきたからだろう。

しかし今回はこれまでとは事情が違う。

前法相の河井克行と妻で参議院議員の案里が、2019年7月の参議院選挙をめぐって地元議員らに票の取りまとめを依頼し、報酬として現金を配った事件。2人が逮捕されたのも、検察が本来の仕事ができるようになったからだろう。

官邸は脱法的な手法により安倍に近い黒川弘務を次期検事総長に起用しようとしていたが工作に失敗。

「週刊文春」6月25日号によると、広島地検の幹部は記者に対し「官邸が圧力をかけて、河井夫妻の捜査をやめさせようとしている」「官邸は（稲田伸夫）検事総長を（黒川の監督責任で）辞めさせて、河井捜査を止めようとしているようだが、そうはいかない」と語っていた。

また、克行は法相に就任すると、知人に対し「法務・検察の上に立った。もう何があっても大丈夫だ」と語っていたとのこと（「東京新聞」6月19日）。絵に描いたような悪党である。

現職の国会議員2人が逮捕されたのは、すでに大量の証拠を押さえたからだろう。詰め将棋で言えば難易度は低い。順番を追って考えてみる。

①通常1500万円程度の選挙資金の10倍にあたる1億5000万円が、自民党本部から河井陣営に流れた理由は、かつて安倍を「もう過去の人だ」とこきおろした元参議院議員の溝手顕正《けんせい》を落とすため。要するに私怨。実際、党広島県連関係者は党本部サイドから「これは総理案件だから」と説明されたという（「毎日新聞」6月18日）。

②これは幹事長の一存で動かせる金額ではない。検察が調べているのは安倍が指示した可能性について。公選法では買収目的でカネを出せば、交付した側も罰せられる。

③安倍の地元事務所からは、筆頭秘書をはじめ、4人もの秘書が現地に送り込まれていた。

④疑惑が報道されると、克行のパソコンから現金の配布先のリストが消去されていた。ここは小渕優子に相談すべきだったが後の祭り。

この先、仮に安倍が逮捕されたら、いつも通り「アタクチに責任があります」とでも言うのだろうか。さすがに言わないか。

第7章

2020年7月〜9月

安倍時代の終焉と呆れるしかない後継者の名前

●この期間の主な出来事

7月1日：スーパーやコンビニなどでレジ袋の有料化が義務化

7月22日：「GoToトラベルキャンペーン」が開始される

8月28日：安倍首相が体調悪化を理由に辞任すると正式に表明

9月10日：枝野幸男が旧立憲民主党、旧国民民主党などによる合流新党「立憲民主党」の代表に

9月16日：菅義偉が第99代内閣総理大臣に就任する

▼2020年7月4日

しらじらしい決別　応援団も安倍と共に去れ

バカとは単にモノを知らないことではない。価値判断ができないことである。先日、こんな記事が目についた。

《元応援団代表が三行半！「もう私が支持した安倍さんじゃない」》（「週刊ポスト」7月3日号）

記事には《安倍政権の強力な支持基盤だった保守層ですら、最近は首相を見限る動きを見せている》とあるが、保守が全方位売国と徹底的な国の信用破壊を続ける安倍を支持するわけがない。安倍政権を支持してきたのは財界、カルト勢力、ネトウヨ、新自由主義を保守と勘違いしているバカ、改革幻想に踊らされ思考停止した大衆である。

記事では元「産経新聞」記者の山際澄夫が「私は安倍総理には非常な期待を寄せ、支持もしてきましたが、総理は期待に応えてくれなかった」「8年前、自民党総裁選の応援にSNSで呼びかけた仲間らと日章旗を持って駆け付けたのが忘れられません。大逆転勝利した後は、感涙にむせびました。私たちは、安倍さんに『戦後体制からの脱却』の願いを託したのです」と語っていたが、アホかと。

安倍は第1次政権就任時に小泉構造改革路線を「しっかり引き継ぎ」「むしろ加速させる」と発言。「もはや国境や国籍にこだわる時代は過ぎ去りました」と言いながら、ウォール街では自分が規制緩和により障壁を取り除くから日本を買うなら今だと訴えた。「竹中（平蔵）先生は愛国者」と言い放ったこともあるが、財界言いなりの絵に描いたような売国奴が「日本」にこだわる理由はない。

山際は「現状はむしろ『戦後体制の完成』に向かっているとすら思う」と言っていたが、しらじらしいにもほどがある。それこそ「8年前」に言えという話。これはオウム真理教の信者が地下鉄にサリンをばらまいた後、「私は麻原彰晃にだまされていたー」と泣き言を言うようなもの。確信犯なのかバカなのかあるいはその両方なのか。その前に自分の不明を恥じるべきだ。

山際は「このままでは〝安倍と共に保守は去りぬ〟状態になってしまうと心配しています」などとも言っていたが、まともな保守派は一貫して安倍を批判してきた。安倍と一緒に消えるべきなのは、安倍礼賛ビジネスで情報弱者を誘導し、日本破壊に加担してきたこの類いの連中である。

▼2020年7月11日

北方領土交渉ジ・エンド　アベ売国を禁じる改憲が必要だ

ロシアで領土の割譲を禁止する項目などを盛り込んだ憲法改正の是非を問う全国投票が行われ、賛成が反対を大きく上回り、憲法改正は確実になった（7月1日）。

これを受けてロシアが事実上管轄する北方領土の国後島では、島の行政当局や若者の団体が憲法改正を記念する石碑を設置し、島を返さないという立場をアピールした。

プーチンは「この条項が特別な意味を持つある地域の住民が記念碑を建てた」と意義を強調。安倍晋三は「自分の任期内に領土問題の決着をつける」と言っていたが、決着ついちゃったね。

ゲーテも言うように活動的なバカより恐ろしいものはない。「新しいアプローチ」「未来像を描く作業の道筋が見えてきた」「アタクチの手で解決」などと繰り返しながら、結局、上納金と一緒に国土をプーチンに献上した。

外相の茂木《もてぎ》敏充は「引き続き粘り強く交渉に取り組んでいきたい」と言っていたが、なにが「粘り強く」なのか？

２０１６年に安倍は日本側の巨額投資を中心とする「共同経済活動」案を提示。最初から主権問題を棚上げし、逆にロシアのメディアが驚いていた。２０１８年には平和条約締結交渉を進めることを合意したが、その後ロシアは北方４島の軍事拠点化を進め、ミサイルを配備。もちろんプーチンは最初から領土を返還するつもりはない。それでは27回も安倍と会談をしたのはなぜか？

「やあ、ウラジーミル」と言いながら、鴨がネギを背負ってやってくるのだから、当然、むしり取れるものはむしり取るだろう。

毎回のようにプーチンが遅刻しても、安倍はへらへらと満面の笑みを浮かべ、全力で尻尾を振る。極東でロシアと中国が大規模軍事演習をしても文句の一つも言わない。外相のラブロフは「日本は４島がロシア領土だと認めよ」「北方領土という用語を使うな」と要求。現在、返還要求全国大会では「不法占拠」との表現が封印され、２０１９年版の外交青書は「北方四島は日本に帰属する」との表現を削除。ついには日本政府が「北方領土」という言葉を使うなと言い出した。

わが国においても、売国勢力による「領土の割譲を禁止する項目」を盛り込んだ憲法改正をすべきだ。

▼2020年7月18日 必要なコロナ対策はデマのクラスター潰しだ

大災害が発生すると、デマゴーグの類いが必ず出現する。今回も「新型コロナウイルスはただの風邪」などと無責任な発言を垂れ流していた。一部の政治家はそれを確信犯的に利用する。都合のいいデータだけを使い、不都合なものは隠蔽する。

東京都は厚労省クラスター対策班の押谷仁東北大教授による感染拡大を予測した2通の重要文書を廃棄していた。小池百合子が都民に警告せずに予測を黙殺したのは、オリンピックが中止になるのを恐れたからだろう。実際、安倍晋三が五輪延期を容認した直後に、別の日に作成された関連文書を発表している。

東京で感染者が増え続ける中、「東京アラート」の運用をやめた理由を聞かれた小池は「話題になったこと自体に意味がある」と吐き捨てた。「夜の街」をスケープゴートにしたのは、社会に蔓延する不安や鬱憤をそちらへ向けさせ、責任を逃れるためだ。結局、社会の空気だけ見て動いているので発言も基準もコロコロ変わる。

大阪府も同じだ。府独自の警戒基準「大阪モデル」は不都合なデータが出てくると、知事の吉村洋文の意向で後から基準が変更された。要するにまったくの無意味。

吉村は「震源地はある程度分かっている」と言っていたが、大阪では感染経路不明者が急増している。これをデマと言わずになんと言うのか?

官邸は専門家会議の妨害を続けてきた。提言から「1年以上持続的対策が必要」との文言は削られ、「直近1週間の10万人当たりの感染者0・5人以下」まで抑えるという手法は首相秘書官の今井尚哉の反発で骨抜きにされた。人命より財界の意向を重視したわけだ。安倍は専門家会議に諮らずに緊急事態宣言の解除を決めている。

専門家が危惧した通り、感染拡大に歯止めがかからなくなってきているにもかかわらず、政府はイベント自粛基準を上限5000人に緩和。さらには「Go To キャンペーン」と称しウイルス拡散の後押しまで始めた。狂気の沙汰である。

コロナ担当の経済再生相の西村康稔《やすとし》は「感染拡大に注意して進める」と言っていたが、「死なないように注意しながら死ね」と言っているようなものだ。国民を殺す政治家はいらない。

今やるべきことはデマゴーグのクラスターを突き止め、ピンポイントで破壊することである。

▼2020年8月1日

保守劣化を浮き彫りにさせる安倍「業火」石原「業病」

新型コロナ禍において経済優先の「命の選別」に注目が集まる中、弩級のバカ発言が飛び出した。元東京都知事で作家の石原慎太郎がツイッターを更新（7月27日）。ALS（筋萎縮性側索硬化症）を発症した女性に薬物を投与して殺害したとして、医師2人が嘱託殺人の疑いで逮捕された事件について、こう述べた。

《業病《ごうびょう》のALSに侵され自殺のための身動きも出来ぬ女性が尊厳死を願って相談した二人の医師が薬を与え手助けした事で「殺害」容疑で起訴された。武士道の切腹の際の苦しみを救うための介錯の美徳も知らぬ検察の愚かしさに腹が立つ。裁判の折り私は是非とも医師たちの弁護人として法廷に立ちたい》

二重三重に間違っている。まず、これを「尊厳死」「安楽死」の問題と捉えるのは筋違いである。医師2人は担当医でもなんでもない。ネット上で殺人依頼（患者本人による）があり、130万円を受け取って犯行に及んだ容疑者の職業が医師だったというだけの話。「業病のALS」という表現も話にならない。「業病」とは前世の悪業の報いでかかる難病のこと。

安倍晋三も広島市原爆死没者慰霊式のあいさつで、「(原子爆弾が)一面を、業火《ごうか》と爆風にさらわせ、廃虚と化しました」と言い放ったことがある。「業火」とは「悪業の報いで地獄に落ちた人を焼く火」のこと。小学生程度の国語能力もない安倍とは違い、石原は小説家だ。言葉の意味を知らぬはずはない。

「武士道」というのも意味不明。切腹する者と介錯する者の間にあるのは信頼関係でありビジネスではない。要するに石原は、介錯と介護の両方を冒涜しているのだ。

1970年11月25日、作家の三島由紀夫は市ケ谷駐屯地で自衛隊の決起を呼びかけた後に割腹自殺した。散々世話になった三島をことあるごとに嘲笑してきたのが石原だ。また、一貫して日本人と皇室に対して呪詛の言葉を投げつけてきた。

「これ(東日本大震災の津波)はやっぱり天罰だと思う」「(皇居に向かってお辞儀する人々は)バカじゃないか」……。

〝建前にこだわらず本音を言うオレってカッコいい〟みたいな自己愛にまみれた、卑劣で幼稚なアナキストが、一時期とはいえ「保守」論壇でちやほやされていた事実は、戦後日本の知的劣化の証拠としか言えない。

▼2020年8月15日
「核兵器のない世界」の前に「安倍のいない世界」を

広島市原爆死没者慰霊式並びに平和祈念式における安倍晋三の挨拶の文面が前年とほぼ同じだったとの指摘が各方面からあった。地名などを除き、構成、表現まで同じ。要するにコピペ。問題は毎年のように同様の指摘があるのに、同じことを繰り返していることだ。

被爆地からは「ばかにしている」「やる気があるのか」と怒りの声が上がったが、もちろんばかにしているのであり、やる気があるわけがない。いやいやながら式典に参加しているのが露骨に顔に出ている。「ママ、ボクもうお家に帰って早くアイスクリームを食べたいよ」とでも言いたげな表情は不満タラタラの幼児そのもの。

安倍には義務教育レベルの知識がない。過去には《ポツダム宣言というのは、米国が原子爆弾を二発も落として日本に大変な惨状を与えた後、「どうだ」とばかり(に)たたきつけたものだ》(「Ｖｏｉｃｅ」２００５年７月号)と語っていたが、ポツダム宣言は7月26日、原爆投下は8月6日と9日である。無知であるがゆえに、アメリカによる大量虐殺に対する怒りも、被害者への共感もない。だから、デタラメな発言を繰り返す。「核兵器のない世界と恒久平和の実現に向けて力を尽くすことをお誓い申し上げます」などと言いながら、核兵器の保有や使用を全面的に禁ずる核兵器禁止条約に強硬に反対。2017年2月10日の日米共同声明には日本防衛に関して「核および通常戦力の双方によるあらゆる種類」の軍事力を使った「コミットメントは揺るぎない」と明記された。

2018年1月26日、安倍は国会で「通常兵器に加えて核兵器による米国の抑止力を維持していくことが必要不可欠だ」と発言。これらは今に始まったことではない。

2002年5月13日には、早稲田大学の講演で「憲法上は原子爆弾だって問題ではないですからね、憲法上は。小型であればですね」と述べている（「サンデー毎日」2002年6月2日号）。とりあえず、大きさは関係ないだろう。

今回、長崎の記者会見では、あらかじめ用意されていた質問に対するペーパーを安倍は読み上げただけだった。アメリカの飼い犬が主人の機嫌を損ねるようなことを言うわけがない。われわれ日本人が目指すべきなのは「核兵器のない世界」の前に「安倍のいない世界」である。

▼2020年8月22日

閣僚の靖国参拝をめぐる本当の問題

敗戦の日の8月15日、《自民保守系グループが相次いで靖国参拝》（「産経新聞」）との報道があった。自民党の稲田朋美が会長を務める「伝統と創造の会」と、そこから分裂した「保守団結の会」が別々に靖国神社を参拝した。しかし、そもそも稲田って「民主主義の基本は日本古来の伝統」とか言っているただのカルトでしょう。保守でもなんでもない。「自民保守系」ではなくて、「自称保守系」ならまだ意味はわかるが。

閣僚では高市早苗総務相、萩生田光一文部科学相、衛藤晟一沖縄・北方担当相、小泉進次郎環境相が参拝。安倍は参拝を見送り、党総裁として私費で玉串料を奉納した。例によって、中国や韓国は反発。中国国営新華社通信は、「中国は一貫して日本の要人の誤った行動に断固反対している」と批判する記事を配信。

韓国外務省は「過去の侵略戦争を美化して、戦争犯罪者を合祀した靖国神社の参拝を繰り返したことに深い失望と憂慮を表明する」と報道官の論評を発表した。

近隣諸国の反発については、高市は「どのように慰霊するかは、それぞれの国の国民が判断することだ」、衛藤は「中国や韓国から言われることではないはずだ」、小泉は「参拝がニュースになることがなくなる時代にしなければいけない」と発言。

これはそのとおり。いちいちメディアがニュースにするから、三流政治屋がアホウヨ向けのアピールに利用するのだ。本当に英霊に「敬意と感謝の念」（安倍）を捧げたいなら、まずはおまえらが日本を三流国家に転落させた責任をとれという話。伝統文化を破壊し、意味不明の加憲論により改憲派の議論をドブにぶち込み、北方領土をロシアに献上し、拉致問題を完全に放置。中国に媚び、全力でアメリカに尻尾を振る絵に描いたような国賊とそれを支えてきた連中が、どの面下げて参拝か。恥を知れ。

石原慎太郎もひょっこり現れ、参拝後、靖国神社に近い日本武道館で全国戦没者追悼式が営まれていることに触れ「一足伸ばして、天皇陛下と首相はなぜ参拝しないのか。何に遠慮してるんだ」と主張。

相変わらず不敬もいいところだ。昭和天皇が1975年を最後に靖国を参拝しなくなったのはA級戦犯合祀に不快感をもったからである。上皇も靖国に行っていない。要するにアホが参拝することが問題なのだ。

▼2020年8月29日

安倍政権が7年8ヵ月で「成し遂げた」国家と社会の崩壊

安倍晋三の首相連続在職日数が今月24日で2799日となり憲政史上最長となった。

安倍は「政治においては、何日間在職したかでなく、何を成し遂げたかが問われるんだろうと思うが、この7年8カ月、国民の皆さまにお約束した政策を実行するため、結果を出すために一日一日、その積み重ねの上にきょうの日を迎えることができたんだろうと考えている」とコメント。

え？

どこのパラレルワールドの住人か知らないが、成し遂げたのは社会の破壊くらいだし、国民との約束を守らなかったことが現在問題になっているのにね。

自民党は2017年に党則をねじ曲げ総裁任期を「連続3期9年」に延長したが、二階俊博も甘利明も麻生太郎も安倍4選に言及。永久に安倍を担ぐ算段だったのかもしれない。しかし、現実世界ではそれは無理。

8月17日、東京・信濃町の慶応大病院を安倍は訪れ、約7時間半滞在。同24日にも再び病院を訪問した。安倍周辺は「前回の続き」と説明したが、持病の潰瘍性大腸炎が悪化したという説や、検察の捜査（公職選挙法違反）から逃れるための入院の準備といった説も流れた。

こうした中、SNSでは「さっさと死ね」といった類いの意見が散見されたが、乱暴なことは言ってはいけない。病気になったのは安倍の責任ではない。それに今、死んだら逃げ得だ。一連の「安倍晋三事件」の追及がうやむやになる可能性もある。

安倍が7年8カ月で日本に与えたダメージは凄まじい。北方領土をロシアに献上し、アメリカからはガラクタの武器を買い、拉致問題を放置。国のかたちを変えてしまう移民政策を嘘とデマで押し通し、森友事件における財務省の公文書改竄をはじめ、防衛省の日報隠蔽、厚生労働省のデータ捏造などで国家の信用を地に落とした。

この悪党を支えてきたのがカルトや政商、「保守」を自称するいかがわしい言論人だった。今、安倍がやるべきなのは無理をせずにしっかりと体調を整え、わが国で何が発生したのか、この先の検証に協力することだ。

▼2020年9月5日

「菅政権」急浮上でヨダレを垂れ流し全力で尻尾を振る維新界隈

安倍晋三の総理辞任会見を見た。感想は「盗人猛々しい」の一言。このお涙頂戴と責任転嫁の猿芝居により、内閣支持率が20・9ポイント上がったというのだから、安倍と周辺の一味は今ごろ祝杯を挙げているだろう。

すでに政治は社会工学になってしまっている。バカをターゲットに絞ったプロパガンダとマーケティング、人間の心の闇、脆弱な部分を狙い撃ちにしたテクノロジーが発達すれば、ニヒリストはそろばんをはじきながらそれを利用する。

安倍が辞めたからシャンパンを開けたという人もいたが、まったく共感できない。今回は野党が追い詰めたわけでもなく、検察が捕まえたわけでもなく、国民が引きずり降ろしたのでもない。悪党が勝手にドツボにはまり、逃げ切ろうとしているだけだ。安倍という絵に描いたような国賊が消えたところで一件落着ではない。ああいうものを支持する日本人のメンタリティーが変わらない限り、同じようなものが持ち上げられるのだ。

実際、自民党内主要派閥の多くは総裁選で菅義偉支持を決めた。菅は安倍政権のキーマンだ。菅が総理になったら7年8カ月におよぶ政治の腐敗が続くどころか、維新の会と連立、橋下徹総理誕生という悪夢が現実化する可能性もある。

当然、安倍や菅とベタベタな関係を築いてきた維新界隈は鼻息も荒く、ヨダレを垂れ流し状態。大阪市長の松井一郎は「早期に安倍晋三政権を引き継ぐ首相を決定してほしい」、大阪府知事の吉村洋文は「菅官房長官は本当に適任の方だ」と全力で尻尾を振った。元大阪市長の橋下徹は「ものすごい実務能力に長けている人」「霞が関を動かす特殊能力の持ち主」「菅官房長官の一番すごいところは、出来ないことは出来ないと言ってくれる。やれると言ったことは絶対にやってくれる」と礼賛。

拉致問題、領土交渉、デフレからの脱却……。出来ないことを出来ると言い、やれると言ったことをやらなかったのが安倍―菅という最悪のタッグだった。菅は出馬会見で安倍政治を「しっかり継承し、さらに前に進める」と発言。この先も安倍と周辺一味による暗黒の時代は続く。今回、シャンパンを開けた人、まさに泡のごとき束の間の安息でしたね。

▼2020年9月12日

大阪都構想　事実を確認しなければ維新のペテンに騙される

大阪市選挙管理委員会は「大阪都構想」の是非を問う住民投票について、11月1日投開票とする日程を決めた。「産経新聞」が大阪市内の有権者を対象に世論調査を行ったところ、賛成は49・2%、反対は39・6%となった。注目すべきは、都構想についての府市の説明については71・8%が「十分ではない」と答えていること。つまり、内容を理解せずに、賛成したり反対したりする人がかなりいるということだ。

どうしてこういうことになるのか。答えは簡単だ。大阪市の財源を狙う維新の会が、確信犯的に大阪市民を騙そうとしているからだ。証拠は山ほどある。

今回、市選管は投票用紙に「大阪市を廃止し特別区を設置することについて」と明記したうえで「賛成」か「反対」のどちらかを記入する方式にした。前回、2015年5月の住民投票の際はこの文言はなかったので一歩前進と言ってよいが、これに反発したのが大阪市長の松井一郎だ。

市選管の決定前には、「『大阪市を廃止』ではなく『大阪市役所を廃止』とできないか」と注文をつけている。選管は当然却下したが、正確な情報が有権者に伝わったら、都合が悪いのだろう。住民投票で賛成が上回ったところで大阪が都になるわけでもない。単に政令指定都市の大阪市が潰され、村以下の特別区に分断されるだけだ。元大阪市長の橋下徹が正確に述べているように、都構想の目的は「大阪市が持っている権限、力、お金をむしり取る」ことである。

前回の住民投票は否決されたが、当時も維新の会はありとあらゆるデマ、嘘、プロパガンダを垂れ流していた。

当初、維新の会は二重行政の解消により「最低でも年間4000億円」の財源を生み出すとしていたが、粉飾が発覚。そのうち、「財政効果はあまり意味がない」と言い出し、最後には「財政効果は無限」と言い出した。支離滅裂である。

「だまされないで下さい‼大阪市をバラバラにはしません」という詐欺ビラで大阪市民を騙し、タウンミーティングや街頭演説ではグラフの目盛りをごまかした詐欺パネルを使って参加者を欺いてきた。

住民投票でなにが問われているのか。まずは事実を確認することが、投票する人間の責任である。

▼2020年9月19日

ファシズムは大衆運動、破壊が自己目的化していく

菅義偉が第99代首相に指名された。アホにも限度がある。菅は安倍と一緒に7年8カ月に及ぶ悪政の責任を追及される側の人間だろう。菅は総裁選の公開討論会で森友学園への国有地売却の公文書改竄事件について、「結果は出ている」とし〝解明不要〟との立場を鮮明にした。またテレビ番組で、政府の政策決定後に反対する官僚は異動させる方針を示した。内閣人事局も見直す考えが「ない」と明言。要するに政権に忖度する官僚以外は排除するという宣言だ。カジノ勢力とつながり、橋下徹を政界に引き込んだのも菅である。

私はナチスやヒトラーと絡めて、政治家を批判するのは好きではない。レッテルを貼ればそこで思考が停止してしまう。その上で言うが、維新の会はナチスと酷似している。確信犯的に嘘、デマ、プロパガンダを垂れ流し、反論は無視。ナチスの宣伝相ゲッベルスは「嘘も100回言えば真実になる」と言ったが、連中は最初から言葉の価値など信じていないのだ。

共同体から切断され都市部で発生した「大衆」は、不安に支配され、新しい生き方を提示し、人生の目的を与えてくれる疑似共同体に接近していく。ファシズムは大衆運動であり、中心は空虚で内容はない。そこでは事実はもはや問題ではなく、破壊という運動そのものが自己目的化していく。

大阪維新の会法律顧問の橋下は、これまでタウンミーティングなどで「東京を飛び越えてニューヨーク、ロンドン、パリ、上海、バンコク、そういうところに並んでいく大阪というものを目指そうとする。これが大阪都構想賛成派」などと大言壮語を繰り広げてきた。しかし実際には住民投票で賛成派が勝ったら、ニューヨーク、ロンドン、パリに並ぶどころか、大阪市は村以下の特別区に解体され、府の従属団体になり自治権も失う。

橋下は著書で《ウソをつかない奴は人間じゃねえよ》《私は、交渉の過程で〝うそ〟も含めた言い訳が必要になる場合もあると考えている。正直に自分の過ちを認めたところで、何のプラスにもならない》と述べている人物だ。

11月1日投開票が予定されている大阪市の住民投票で問われているのはなにか？　われわれ日本人が「悪の支配」を拒絶し、人間としての尊厳を示せるかどうかである。

▼2020年9月26日
歴史を捏造するアベの後継は「なかったことにする」最低男

「朝日新聞」の世論調査によると、菅義偉内閣の支持率が65%もあったらしい。安倍退陣後の調査では、次期首相に「誰がふさわしいか」との質問に石破茂34・3%でトップ、菅は14・3%、河野太郎が13・6%だった。腐ったメディアが誘導すれば世論は簡単に変わるということだろう。菅は「国民のために働く内閣」を掲げたが、ではこれまで誰のために働いてきたのか。この先、アメリカのために働いてきた安倍政権と一線を画すとも思えない。

なお、5月の安倍政権の支持率は29%だったが、辞意表明後に実績評価を聞くと、「大いに」「ある程度」を合わせて71%が「評価する」と答えた。

では、当時と今とでは何か大きな変化があったのか。新型コロナウイルス対策、森友学園問題に関連する公文書改竄事件、「桜を見る会」に関連する権力の私物化、北方領土の主権の棚上げ問題……。いずれも闇の中である。というより、闇の中に葬り去ろうという明確な意思を感じる。説明から逃げ、論点をはぐらかし、時間を稼げば、どうせ世間は忘れるというそろばん勘定だ。

いわゆる「菅話法」がある。「その指摘はあたらない」「答弁を控えさせていただく」「いま答えた通り」……。こうした菅の態度はメディアに対する強硬な姿勢と捉えられてきたが、首相就任会見を見た人たちから、どうもそうではないのではないかという声が上がっている。要するに、他人とコミュニケーションを取る能力が著しく欠如しているのだ。

2015年、沖縄県の基地移設問題を巡り翁長雄志知事と菅は会談。沖縄の苦難の歴史を語った翁長に対し、菅は「私は戦後生まれなので、歴史を持ち出されたら困る」と言い放ったという。

支離滅裂、意味不明。だったら、国会議員の大多数は歴史を無視していいという話になる。

ポツダム宣言がいつ出されたかも知らず、歴史を捏造してきた安倍政権を引き継いだのは、そもそも歴史を「なかったこと」にする最低の男だった。7年8カ月に及ぶ悪政は今もそのまま引き継がれている。

9月20日、アメリカのトランプと初の電話会談を行った菅は「大統領からは24時間いつでも何かあったら電話をしてほしいと。『テル』『テル』と、そういうことで一致した」と発言。よくわからないが、そういうことらしい。

日本人は菅と周辺の一味にバカにされていることに気づいたほうがいい。

第8章

2020年10月〜12月

バカのあとにバカが総理となった日本の緊急事態

JMPA

●この期間の主な出来事

10月1日：菅首相が、日本学術会議が推薦した会員候補のうち一部を任命しなかった問題が浮上

11月1日：大阪都構想の是非を問う住民投票で、反対票が賛成票を上回る

12月14日：菅首相はGoToトラベルを全国で一斉停止する方針を固める

12月22日：「桜を見る会」問題で、東京地検特捜部はこの日までに、安倍元首相から任意で事情聴取した

▼2020年10月3日
自民党は身を切る改革ではなく「水脈切る改革」を

自民党の杉田水脈が、党の会議で女性への暴力や性犯罪に関して「女性はいくらでも嘘をつけますから」と虚偽の被害申告があるような発言をした。会議後杉田は「そんなことは言っていない」と発言を否定し、ブログでは性暴力被害者のための「ワンストップ支援センター」について無知と偏見に基づいた感想を述べ、「新規事業として民間委託を拡充することだけでは、女性の人権を守り、暴力問題の解決をのぞむ世論と乖離するのではないでしょうか、という趣旨の意見を申し上げました」と完全に開き直った。

しかし参加者や関係者の証言もあり、逃げ切ることはできず、最終的にブログで「事実と違っていた」と嘘を認めて謝罪した。アホすぎ。正確には「杉田とそれに類するネトウヨはいくらでも嘘をつく」だろう。この卑劣な女を政界に再び呼び込み、比例名簿で厚遇したのは7年8カ月にわたり嘘をついてきた安倍晋三だった。

これまで杉田がやってきたことは、「女性の人権を守り、暴力問題の解決をのぞむ世論と乖離《かいり》」することばかりである。

ジャーナリストの伊藤詩織さんが元ＴＢＳワシントン支局長の山口敬之から性的暴行を受けたとして実名を公表した後は、一貫して人格攻撃を続けた。ブログには《伊藤詩織氏のこの事件が、それらの理不尽な、被害者に全く落ち度がない強姦事件と同列に並べられていることに女性として怒りを感じます》と投稿。

また《もし私が、「仕事が欲しいという目的で妻子ある男性と2人で食事にいき、大酒を飲んで意識をなくし、介抱してくれた男性のベッドに半裸で潜り込むような事をする女性」の母親だったなら、叱り飛ばします》などとツイート。

杉田は「枕営業の失敗」「彼女がハニートラップを仕掛け（た）」「被害者ぶるのもいい加減にしてください」という匿名の誹謗中傷に「いいね」を押して拡散させたとして、伊藤さんから訴えられている。

米誌タイムは毎年恒例の「世界で最も影響力のある100人」に伊藤さんを選出。「勇気ある告発」で日本人女性の在り方を大きく変えたと評価した。要するに、世界から日本はどのように見られているかということだ。

「身を切る改革」はいらない。自民党は「水脈（みお）切る改革」を。

▼2020年10月17日

連日投下されるデマ　媚対象は安倍政権から菅政権へ

安倍政権、菅政権と世の中が悪くなっていく中、デマゴーグとデマを拡散する組織が活発に動いている。

日本学術会議が推薦した会員候補6人を菅義偉が任命しなかった問題では、デマや論点ずらしが連日のように社会に投下された。

10月5日、フジテレビ上席解説委員の平井文夫は、フジテレビ系「バイキングMORE」において、「この（学術会議の）人たち、6年ここで働いたら、そのあと（日本）学士院ってところに行って、年間250万円年金もらえるんですよ、死ぬまで。皆さんの税金から、だいたい。そういうルールになってる」と根も葉もない大嘘をついた。

日本学術会議は内閣府の所管で、科学に関する重要事項を審議する科学者の組織。政府に対して提言をするのが役割のひとつで、210人の会員は非常勤特別職の国家公務員である。

一方、日本学士院は文部科学省の組織。学術上功績顕著な科学者を優遇し、学術の発達に寄与するため必要な事業を行うとされる。定員は150人で終身会員となる。

要するに、所管も役割も選ばれるプロセスもまったく違う。平井が述べた「ルール」など存在しない。視聴者やメディアから批判が出ると、翌日番組は謝罪したが、アナウンサーが「誤った印象を与えるものになりました」と言っただけ。

アホかと。これまで安倍政権に媚びていた乞食言論人が今度は菅政権に媚びるためにデマを流しただけではないか。実際、平井の発言はネット上のデマサイトで紹介され、情弱のネトウヨがそれをさらにSNSで拡散させた。「日本学術会議は中国の息がかかっている！」というデマも広がった。自民党の甘利明は日本学術会議は中国による科学者の招聘事業「千人計画」に《積極的に協力している》とブログにデマを書き、ネトウヨがそれを拡散させた後に、こっそり表現を修正した。

デマを流すのは簡単だが、修復するのは難しい。特に公共の電波を使った場合、取り返しがつかないことになる。デマゴーグはデマを流すのが仕事である。モラルがない人間にモラルを求めても仕方がない。だとしたら、番組と放送局に責任を取らせるしかない。一種の連座制を適用すべきだ。

▼2020年10月24日

「ASEAN」を「アルゼンチン」と読むと閣議決定したら？

菅義偉は実は非常にシンプルなバカなのではないか。菅を支持する人も批判する人も、メディアがつくりあげた虚像に流されていたような気がする。権謀術数をめぐらす策士で、たたき上げの苦労人で、堅物で辣腕といったイメージも、そろそろ剥がれてきた。

10月18日、菅はベトナムで害遊デビュー。日越大学で行われたスピーチでは「ASEANの皆さん」を「アルゼンチンの皆さん」と原稿を読み間違え、その重責を見事に果たした。このスピーチを聞いたが日本語も相当危うい。フリガナを振っていなかったのだろうか。南米のアルゼンチンとアジアのASEANを間違えるのが謎。「ア」しか同じではないのに。もはや、寅次郎のおいちゃんの言葉しか出てこない。

「本当にバカだねえ」

菅はこれまでかたくなに各種答弁を拒絶してきたが、それは陰険・陰湿という以上に論理的に説明する能力がないからではないか。だからあらかじめ頭に入っている「その指摘はあたらない」「個別の問題についてはコメントを差し控える」といったテンプレートを繰り返していただけ。この先、「ASEANはアルゼンチンと読む」と閣議決定したら、それはそれで芯のある政治家だとは思うけど。

一貫しているのは、都合の悪い現実から目をそらし、徹底した隠蔽工作を行うことだ。2012年刊行の単行本『政治家の覚悟　官僚を動かせ』が先日、新書化されたが、東日本大震災後の民主党政権の議事録の保存状態を問題視し、《政府があらゆる記録を克明に残すのは当然で、議事録は最も基本的な資料です。その作成を怠ったことは国民への背信行》《国家を運営しているという責任感のなさが如実に現れています》などと述べていた章がバッサリ削除されていた。

それもそのはず。菅は7年8カ月におよぶ安倍晋三の悪政を支え、森友事件における財務省の公文書改竄や桜を見る会事件における名簿の隠蔽などに深く関わってきた人物である。

8年越しの大ブーメランが直撃するのを避けようとして、逆に正体がばれてしまった。新書の帯には《国民の「当たり前」を私が実現する》とあったが、問題は菅がやっていることが「当たり前」ではないことだ。

▼2020年11月7日

維新の解散こそが最大の「無駄排除」だ

11月1日、大阪市を廃止し特別区に分割することの是非を問う住民投票が行われ、約1万7000票の僅差で反対多数となり否決された。前回もそうだが、「事実」を知らずに大阪市解体に賛成した人が相当数いた。これまでも指摘してきたように、大阪維新の会が確信犯的に嘘、デマ、プロパガンダを社会に垂れ流してきたからだ。

住民投票で否決されたことはよかったが、問題はこの先だ。政令指定都市がいかがわしい集団に狙われたという事実には変わりはない。維新の会の問題を根本的に解決しない限り、この先も連中は同じことを仕掛けてくるだろう。実際、参院議員の東徹は、住民投票の翌日に《必ず3度目の挑戦》などとツイート。大阪市民は維新の会に完全にバカにされていることに気づいたほうがいい。

今回公明党が賛成に回ったのは維新の会と密約があったからだ。これをバラしたのは他ならぬ橋下徹である。住民投票後、報道番組に出演し「公明党と握ったわけですよ。衆議院選の議席を維新は公明党に譲る代わりに、住民投票は賛成に回ってもらうと」と発言。衆議院で公明党は大阪の小選挙区で4つの議席を確保しているが維新の会はそこに候補者を立てない代わりに住民投票で賛成してほしいと密約を交わしたわけだ。要するに大阪市民のことなどなにも考えていない。

橋下は維新の会が引き起こした騒動をネタにして講演などで荒稼ぎ。講演料は一律216万円、時間は90分までとなっているという。

1月に放送された番組では大阪府知事の吉村洋文と対談。

橋下「住民投票をやってくれればいろんなところで仕事になるかも」

吉村「仕事増えますからね。コメンテーターとか」

橋下「解説者とか講演会とか」「松井さんと吉村さんを除けば、俺は一番大阪の住民投票詳しいと思うから、ちょっと今年は仕事を頑張りますよ」

吉村「儲けますか?」

橋下「ヒヒヒヒ」

おぞましい。

人間はここまで卑劣で汚くなれるものなのか。維新の会は「大阪都構想」関連の事務に少なくとも100億円を超える府市の公金をつぎ込んでいる。「無駄の排除」をうたうなら、維新の会こそが最大の無駄である。「身を切る改革」を断行するなら、まずは維新の会を解散すべきだ。

▼2020年11月14日

真相究明と責任追及を！ 大阪ノーサイドなんて冗談じゃない

大阪市解体を巡る住民投票の否決後、立憲民主党副代表の辻元清美が《しびれるくらい拮抗したけど、これでノーサイド。どっちを選んだ人も大阪が好きで投票に臨んだ。市長には明日からこれ以上の分断を起こさぬよう細やかな対応を心からお願いしたいと思います》とツイート。

「喉元過ぎれば熱さを忘れる」という言葉があるが、冗談ではない。大阪市が好きな人間が大阪市を消滅させる住民投票に賛成するわけがないではないか。日本が好きな人間が日本を消滅させることに賛成するのか。それと同じ。

そもそも維新の会はフェアに戦ったわけではない。元大阪市長の橋下徹が明らかにしたとおり、公明党が賛成に回るように密約を交わし、市民に正確な情報が伝わることを最後まで妨害していた。今やるべきことは真相の究明と責任の追及である。それをやらないから、連中は増長する。

大阪市長の松井一郎は、ほとぼりも冷めないうちに「広域行政一元化」などと言い出した。要するに、維新と公明で過半数を握る市議会で可決できる条例により、府に権限を集中させるということ。アホくさ。

住民投票否決で維新の会が弱体化したと考えるのは判断が甘すぎる。

菅義偉や周辺の政商でパソナ会長の竹中平蔵らが権力を握っている限り、なにが発生するかわからない。竹中はテレビ番組で松井に対し「私は、政治家としての能力、これは菅総理を含めて、みんなものすごく高く評価してるんですよ」「私ね、少し期間おいてね、国政に出ていただきたいんです」と発言。

橋下はテレビ番組で「知事、市長をやってた時の話をしゃべり尽くして、もうネタがないんですよ」とコメンテーター〝卒業〟を示唆している。また別の番組では、大阪府知事の吉村洋文について、「維新のトップ、国会議員になってもらいたい思いはある」と国政復帰の話を持ち出した。非常にきなくさい状況だ。

菅は住民投票について「二重行政の解消と住民自治の拡充を図ろうとする大都市制

度の大きな改革だと認識している」と評価、否決後は「大都市制度の議論において一石を投じた」と発言している。大阪の3バカが活動拠点を国政に移せば、日本は目も当てられなくなるだろう。

▼2020年11月28日 検察が安倍の悪事を暴かなければ国民は許さない

ついにというか、やっとというか、安倍晋三周辺に司直の手が伸びた。「安倍晋三後援会」が主催した「桜を見る会」の前夜祭を巡り、政治資金規正法違反や公選法違反（寄付行為）の疑いで刑事告発が相次いだが、東京地検特捜部は安倍の公設第1秘書らを任意で事情聴取。立件も視野に入れて動いているという。

「桜を見る会」とはなんだったのか。これは総理大臣が主催する公的行事で「各界で功労・功績のあった方々を慰労する」のが目的。1952年から新宿御苑で行われていたが、安倍政権になってからは予算も招待者も急増、安倍周辺の一味が会を私物化しているとの声が上がっていた。また2013年から19年まで都内の高級ホテルで開かれた前夜祭には安倍の地元・山口県の支援者らが1人5000円の会費で参加。あまりに安すぎるため、安倍側が差額分を補填していたのではないかと野党は追及していた。安倍は「後援会としての収入、支出は一切なく、事務所側が補填したという事実も全くない」と繰り返してきたが、今回、その大嘘がバレたわけだ。

すでに領収書などの証拠が揃っている以上、逃げ切ることはできない。

安倍周辺は補填を認めた上で、安倍には伝えていなかったと弁解した。秘書に全責任を押し付ける算段なのだろうが、ここまでは検察も想定済みだろう。「ああ、そうだったんですかあ」と言って引き下がるなら、国民が許さない。この先、検察がやるべきなのは安倍を事情聴取し、国家の私物化に関する一連の悪事の実態を明らかにすることだ。

憲政史上最悪と名高い安倍政権を7年8カ月にわたり支えてきたのがカルトや政商、「保守」を自称するいかがわしい勢力だった。「桜を見る会」には、百田尚樹、有本香、ケント・ギルバートといったネトウヨライター、安倍に近い統一教会の関連政治団体・世界戦略総合研究所の事務局次長や悪徳マルチ商法「ジャパンライフ」の会長、反社会勢力のメンバー、半グレ組織のトップらが招かれていた。

安倍は自分に近い黒川弘務を検事総長にする工作に失敗。新しく検察のトップになった林真琴検事総長は「国民の信頼を取り戻すため、検察が重い使命を全うできるよう努めたい」と述べていた。この先は国民だけでなく、世界からの信頼も取り戻さなければならない。

▼2020年12月5日

安倍を擁護してきた連中も泥舟と一緒に沈めなければ

ビジネス保守・商売右翼の連中の中でも少しは目先がきくやつは、数年前から少しずつ安倍晋三と距離を置き始めていた。いまや泥舟にしがみついているのは、直接利権がある乞食言論人くらいである。総理のときは「権力を持つバカ」だった男も、今となっては「ただのバカ」。これまで安倍を利用してきた連中も一気に手のひらを返し始めた。

元大阪府知事の橋下徹はテレビ番組で「桜を見る会」前夜祭の費用補填問題について、「大阪の大改革も安倍さんの協力を得て本当に大阪の改革は進みました」と、維新の会の裏に安倍がいたことをあらためて暴露した上で、「今回の問題はホテルに確認すればすぐに分かることなんです」「これ事実だったら本当に残念なんだけど議員辞職もやむなしだと僕は思っています」と発言。

しらじらしいにもほどがある。それをごまかしてきたのは、安倍一味と周辺のメディアではないか。問題が浮上した当時、橋下は《今の野党は、裏付けもないのに、不正の話に持ち込んで政権を倒しにいこうとするから、国民がついてこないんだ》（「PRESIDENT Online」2019年11月27日配信）などと言っていた。アホにも限度がある。裏付けがないから追及が必要なのである。その成果もあり不正があったという事実が判明したのだ。

情弱のネトウヨ向け月刊誌や安倍周辺乞食言論人もひどかった。「産経新聞」論説委員・政治部編集委員の阿比留瑠比《あびるるい》は、《野党と安倍憎しのマスコミが一体化して、盛り上げている構図》（「WiLL」2020年2月号）と発言。

元泥棒で嘉悦大学教授の高橋洋一は、《どこまでも「疑惑あり」という野党の印象操作の感がある》《5000円の会費は異常な廉価ともいえない》（「現代ビジネス」2019年11月18日配信）と世間離れしたウルトラ擁護。

陰謀論者で自称文芸評論家の小川榮太郎は《桜の会騒動の真の目的は「改憲潰し」

だったのではないか》(「ｚａｋｚａｋ」２０１９年11月25日配信)と妄想を垂れ流した。
今回明らかになった悪事は一連の安倍晋三事件のごく一部に過ぎない。「桜を見る会」の件においては、時の権力者による国家の私物化とカルトや反社会的勢力との深い関係が明らかになった。このまま逃げ切ろうとしている連中も泥舟と一緒に沈めなければならない。

▼２０２０年12月12日
２０２０年のバカトップ10【前編】「ステージ４に迫る拡大」

新型コロナの拡大もひどいが、バカの拡大もステージ４(爆発的感染拡大)に迫ってきた。恒例の企画「今年のバカ」トップ10を振り返っておく。

【第10位】小泉進次郎
２０２０年もお茶の間に寒い笑いを届け続けた進次郎。人妻と不倫した際のホテル代を政治資金で支払っていたことが発覚。しかも同時期に復興庁の元部下の女性とホテルで密会、さらにメーキャップアーティストの女性を赤坂の議員宿舎に呼びつけていた。面の皮も厚いが、チンポの皮も厚い。赤坂に議員宿舎があるのに年に何回も十数万円級の高級ホテルに泊まっていることを国会で追及されると「大半のものは秘書が宿泊した」と無理な答弁。秘書に責任を押し付けるという点においては、自民党の本流をきちんと引き継いでいる。メディアは芸人の不倫より、品位が求められる政治家の不倫を追及しろ。

【第9位】三浦瑠麗

スリーパーセル発言などで話題になった陰謀論者。論点をごまかして政権を擁護するのが仕事。5月14日には《本当は、コロナ自体は当初思ったよりも大きな脅威ではありませんでしたと宣言すべき》とツイート。当初思っていたより大きな脅威だったから、現在対応しきれなくなってきたのではないか。

【第8位】高須克弥

脱税事件やナチス礼賛で有名なネトウヨ医者。愛知県の大村知事に難癖をつけリコール運動を始めたが途中で休止。署名集めの請求代表者の1人は署名の「7～8割が偽造だろう」と述べている。

10月31日に高須は《全てが僕の予言通りにすすんでいる。当たりすぎて怖い。トランプ勝利。大阪都構想勝利。愛知県知事リコール勝利》とツイート。妄想の世界に住んでいると最後はこうなってしまう。

【第7位】杉田水脈

自民党の劣化を象徴するネトウヨ。党の会議で女性への暴力や性犯罪に関して「女性はいくらでも嘘をつけますから」と発言。さらに「そんなことは言っていない」と嘘に嘘を重ね、逃げ切ることに失敗し「事実と違っていた」とブログで謝罪。正確には「杉田はいくらでも嘘をつく」だろう。

【第6位】松井一郎

大阪市民をだましながら、大阪市を解体しようとして今年も失敗。維新による大阪の医療体制破壊により「ステージ4」は目前となっている。

▼2020年12月19日

2020年バカトップ10【後編】「安倍問題の解決が必須」

前回に続き恒例の年末企画「2020年のバカ」トップ10を振り返っておく。

【第5位】河井克行・案里夫婦

２０１９年7月の参議院選挙をめぐって地元議員らに票の取りまとめを依頼し、報酬として現金を配ったとして元法務大臣の河井克行と妻で参議院議員の案里が逮捕・起訴された。この検察の動きを妨害したのが官邸。「週刊文春」（6月25日号）によると、広島地検の幹部は記者に対し「官邸が圧力をかけて、河井夫妻の捜査をやめさせようとしている」と語っていた。克行は法相に就任すると、知人に対し「法務・検察の上に立った。もう何があっても大丈夫だ」と語っていたとのこと（「東京新聞」6月19日）。絵に描いたような悪党ですね。

【第4位】「コロナはただの風邪」バカ

「夏には終息する」などと言いだすデマゴーグや「新型コロナウイルス感染症はメディアが作り出した怪物」と唱える陰謀論者の集団まで現れた。新型コロナ騒動は「バカ発見器」でもあった。

【第3位】菅義偉

ベトナムで「ＡＳＥＡＮ」を「アルゼンチン」と読んで恥をさらしたが、菅は日本語も危うい。かたくなに各種答弁を拒絶するのも、陰険・陰湿という以上に論理的に説明する能力がないからだろう。だからあらかじめ頭に入っている「その指摘はあたらない」「個別の問題についてはコメントを差し控える」といったテンプレートを繰り返すだけ。菅を支持する人も批判する人も、メディアがつくりあげた虚像に流されすぎ。

【第2位】吉村洋文

「どんちゃん騒ぎを避けろ」と言いながら、不要不急の大阪市解体を巡る住民投票を仕掛け、「嘘のような本当の話」と言いながらイソジンで新型コロナに打ち勝てると「嘘のような嘘」を拡散させた。大阪のコロナの感染状況は最も深刻なステージ4（爆発的感染拡大）に迫ってきた。あんなものを支持するからこういうことになる。

【第1位】安倍晋三

桜を見る会の前夜祭に関し、東京地検特捜部は公設第1秘書を事情聴取し、安倍にも要請したが、それとは別に国政調査権を発動し、嘘をついたら偽証罪に問われる証人喚問を急ぐべきだ。北方領土問題、拉致問題、森友問題、桜を見る会問題……。解決しなければ、2021年も確実にロクでもない年になるだろう。

第9章

保身ファーストのウジ虫たちを今こそ一掃すべき

2021年1月〜3月

●この期間の主な出来事

1月8日：1都3県に対し、緊急事態宣言が発令される
1月21日：河井案里元参議院議員が、執行猶予付き有罪判決を言い渡される
2月15日：愛知県選挙管理委員会は、大村秀章愛知県知事のリコールのための署名活動の不正について告発状を愛知県警察に提出する
2月18日：不適切発言で辞任の森喜朗に代わり、橋本聖子が東京オリンピック・パラリンピックの大会組織委員会会長に就任

▼2021年1月9日

黒岩知事は混乱に乗じて転身したデマゴーグ

デマゴーグの類いが地方首長に転身するケースが増えている。その先駆けがフジテレビの元キャスターで神奈川県知事の黒岩祐治だろう。神奈川県では元日に470人の新型コロナウイルス感染を確認。黒岩は「目の前に医療崩壊が迫っている」とし、「徹底的な外出自粛」を呼び掛けた。また感染した患者が入院する病院を調整する作業が難航し始めていることを明らかにし、「ステージ4（爆発的感染拡大）は間近」と警鐘を鳴らした。ではこの男はこれまでなにをやってきたのか。グロテスクな人体実験である。

2020年10月30日から3日間、黒岩はコロナ感染防止と大規模イベントを両立できるか検証するため、横浜スタジアムで行われたプロ野球の試合で、収容人数の制限をなくし、満員に近い観客を入れる人体実験を行った。

当時黒岩は「6月ごろから、横浜スタジアムを満杯にする計画を作ろうと考えていた。来年の東京五輪に向けて、大きな一歩になる」と発言。「密集」「密接」状態をわざわざ作り出し「大丈夫」かどうか確かめるというわけだ。狂気の沙汰である。

もともと卑劣でデタラメなこの男。2011年4月の知事選では「4年間で200万戸分の太陽光パネル設置」を公約に掲げ、初当選。しかし投票日の翌日には「具体的な議会の日程などを考えると、時間がない」と後退。同年10月、記者団が公約の不履行について追及すると、黒岩は「あのメッセージは役割を終えた。忘れてほしい」と返答した。公約の不履行をごまかす政治家はいるが「忘れてほしい」というのは前代未聞。要するに、同年3月11日に発生した東日本大震災および福島第1原子力発電所事故による社会混乱を悪用して政界に潜り込んだわけだ。

「日本から神奈川県を独立させる」と言い出したのも黒岩だ。

「特区制度を全県に活用し、(中略)県を『自治政府』とも言うべきものにしたい」「いわば日本の中の『外国』を作る」

バカに権力を渡すとこういうことになる。当時黒岩はこう語っていた。

「みんなが不安で怯えている時、行く方向に迷っている時に『こっちへ行こう!』と自信を持って旗を振って先導できるリーダーの存在が今求められていると思います」

社会不安が拡大する中、一番注意しなければならないのは、この類いの人間である。

▼2021年1月16日
無能クズ全国トップの吉村知事が「評価」される怖さ

もうなにがなんだかわからない。世の中が怖い。

朝日新聞社が新型コロナウイルスに関し「対応を評価する日本の政治家」の名前を聞いたところ、第1位は大阪府知事の吉村洋文、第2位は東京都知事の小池百合子、第3位は北海道知事の鈴木直道、第4位は首相の菅義偉、第5位は各種疑惑追及から現在逃亡中の国会議員安倍晋三だった（2020年11〜12月調査）。

「最も評価できない政治家」を聞いたのなら理解できるが、やはり日本は完全に壊れてしまったのだろう。

大阪で新型コロナの感染急拡大が進む中、吉村は緊急事態宣言について「大阪は現状で感染急拡大をなんとか抑えられている。今の段階では国に対して要請するつもりはない」と発言（1月4日）。このバカ発言が批判されると、「感染拡大の明らかな兆しが見えているので先手を打つべき」「大阪として緊急事態宣言の要請をすべきだというのが僕の考え方」（1月7日）と、3日前と正反対のことを言い出した。なにが「先手を打つべき」なのか。すべて後手後手にまわった結果が今の大阪の惨状ではないか。

要するに、新型コロナで府民が苦しもうが知ったことではないと思っているのだろう。感染が拡大する中、愚にもつかない大阪市解体の住民投票を断行したり、他の自治体で発生したいかがわしいリコール騒動に賛意を示したり、「嘘のような本当の話」と言いながらイソジンで新型コロナに打ち勝てると「嘘のような嘘」を拡散させたり。最近は「国際金融都市構想」として、大阪に特区をつくり、法人税や所得税の引き下げ、外国人の在留資格緩和などを訴えていた。

「東京に総合力では勝てない」「国内における第2の国際金融都市を目指す」とも言っていたが、先月の大阪のコロナ感染者の死者数は東京の2倍である。無能さとクズっぷりでは吉村は全国トップを走り続けている。

記者会見で「いつ（緊急事態宣言）発令要請にと考えが変わったのか?」と聞かれた吉村は、「一つは560名の一挙にガラスの天井が突き抜けた瞬間」と返答。「ガラスの天井」とは、資質・実績があっても女性やマイノリティーを一定の職位以上には昇進させようとしない組織内の障壁のことである。リコールしなくてはならないのは、この手のバカである。

▼2021年1月23日
スガ発言が意味不明なのは他人事だから

菅義偉、ダメ人間だとは思っていたが、想像以上にダメでしたね。麻生太郎は漢字が読めなかったし、安倍晋三は日本語が苦手だったが、菅の場合、それ以前に自分の発言の内容すら理解していない。

菅は施政方針演説（1月18日）で、脱炭素化の推進に関連し「あらゆる主体」を「あらゆるぜんたい」、不妊治療と仕事の両立を巡っては「後ろめたい」を「後ろめいた」と原稿を読み間違えた。2020年10月の所信表明演説では「重点化」を「げんてん化」、「改定」を「かいせい」、「貧困対策」を「貧困せたい」、「被災者」を「ひがいしゃ」と誤読。外遊先のベトナムでは「ASEAN」を「アルゼンチン」、「カバレッジ」を「カレッジ」と勝手に脳内変換した。

揚げ足を取りたいのではない。誰でも読み違えることはある。しかし、菅の場合、政治家としてのデタラメさに直接つながっているのだ。

政府のコロナ対策本部における発言では、緊急事態宣言の対象に追加された「福岡」

を「しずおか」と誤読（1月13日）。議論の経緯を理解していればこういう誤読が発生する余地もない。要するに他人事なのだ。結局、被害を被るのは国民である。

官房長官時代には、愛媛県の「伊方原発」を「いよく原発」、大阪府北部を震源とする地震の際には「枚方市」を「まいかた市」と誤読した。

挙動も言動も不審。会見で医療体制を強化するための法整備について、「国民皆保険、そして多くのみなさんがその診察を受けられる今の仕組みを続けていくなかで、コロナがあって、そうしたことも含めてもう一度検証していく必要があると思っている。必要であれば、そこは改正をするというのは当然のことだと思う」と発言。国民皆保険制度を廃止するのかと騒ぎになり、官房長官の加藤勝信が火消しに追われた。

発令した緊急事態宣言の効果が出なかった場合について質問されると「仮定のことは考えていない」と返答。

意味不明。最悪のケースを仮定して、対策を怠らないのが危機管理の基本ではないか。

コロナ対策で迷走した揚げ句、「ワクチンは感染対策の決め手だ」と結局は神風頼み。これでは国が滅びる。菅の持論は「国民から見て当たり前のことをやる」である。だったら、今すぐに総理を辞めろ。

▼2021年1月30日

「人倫の破壊者に打ち勝った証し」として五輪中止を

アメリカのニューヨーク・タイムズ（電子版）が、「東京五輪開催の望みは薄くなった」と報道。新型コロナウイルスの感染が拡大する一方、ワクチンの普及が予想より遅れていることも指摘した。

イギリスのタイムズ紙は、東京五輪中止が水面下で検討されていると報道。与党議員の話として、延期という形で「メンツを保つ中止発表の手法」を探しているとした。

これに対し政府やＩＯＣ（国際オリンピック委員会）は反発。担当相（当時）の橋本聖子は「海外メディアの話は政府の見解ではない。政府の方針は変わらず、今までどおり、ＩＯＣや組織委員会、東京都と一丸となって開催に向けて準備を進めている」と発言。しかし開催が難しいことは誰もが知っている。要するに責任を取りたくない連中がゴマカしながら問題を先送りにしているのだ。

複数の世論調査では、国民の約８割が開催に否定的な声を上げている。政府は外国人の入国を原則禁止し主要都市に緊急事態宣言を発令。各国で感染拡大が続き、変異種の解明もされていない。日本医師会会長は、さらなる訪日外国人患者の受け入れは「可能ではない」と発言。

複数の国や選手たちが参加をボイコットする可能性も高まってきた。「中止にしたら一生懸命練習してきた選手がかわいそう」という誘導にだまされてはいけない。出たくなくても、立場上言えない選手もいる。

こうした中、勇気ある発言が飛び出した。五輪に内定している陸上女子の新谷仁美選手は「アスリートとしてはやりたい。人としてはやりたくないです」「命というものは正直、オリンピックよりも大事なものだと思います」と発言。この言葉に尽きる。これは「人として」どうかという問題だ。

組織委員会会長の森喜朗は「あとは毎日、神様にお祈りする」「天を敬う。それしかない」。自民党幹事長の二階俊博は「スポーツ振興は国民の健康にもつながる。大いに開催できるように努力するのは当然」。

こんないかれたジジイどもの都合のために、選手と国民の命を危険にさらす必要があるのか。

菅義偉は五輪開催は「人類が新型コロナウイルスに打ち勝った証し」になると繰り

返すが、国民の声により中止に追い込めば、人類が「人倫の破壊者に打ち勝った証し」になるだろう。

▼2021年2月6日
立憲民主党がまず戦うべきなのは身近な敵だ

2021年秋の任期満了以前に必ず行われる総選挙。自民党は東京五輪・パラリンピックを強行して「成功した」と言いながら選挙に突入する算段だったのだろうが、新型コロナウイルスの世界的な感染拡大と医療崩壊により、五輪中止や延期の可能性も出てきた。要するにいつ解散があってもおかしくない状況だが、野党第1党である立憲民主党の本気度が伝わってこない。1月31日、立憲民主は、合流新党として初めての定期党大会を開催。代表の枝野幸男は野党共闘を進め、政権交代を目指す考えを表明した。

また、政府の新型コロナ対策は「後手後手の場当たり的対応」で「人災だ」と批判、「国民の命と暮らしを守る政治に転換」するとの方針を掲げた。

しかし、立憲民主の支持率は6％程度（ＮＨＫ1月世論調査）で、多くの国民は政権交代の受け皿になるとは思っていない。一番の理由は党がまとまらず、政権を取っても日和るのではないかと疑われているからだろう。よって、連立には共産党が必要だ。共産は硬直しているし、妥協しない。新自由主義路線を突き進む自民に比べればはるかに保守的でもある。

立憲民主と共産の候補者が競合している選挙区は60以上。候補者を一本化すれば与野党が逆転するところも少なくない。

最大の障害は、政策や理念が違う共産とは組めないなどと言い出す党内のボンクラと支持母体の連合だろう。連合会長の神津里季生《りきお》は「（共産党を）応援することはまずあり得ない。野党連合政権は目指す国家像が違う以上、これもあり得ない」と発言。アホか。こうした寝ぼけたことを言っているから、政権が取れないのだ。立憲民主の描く「国家像」などどうでもいい。今必要なのは安倍─菅一味による国の破壊を早急に止めることだ。枝野は「日本の政治が機能していないことで命が失われている」と言う。だとしたら、自公政権を間接的にアシストしている身近なところにいる敵と戦え。

共通政策がどうこう言うのもアホ。今回は救国連立内閣として、徹底した新型コロナ対策（補償の拡大）と、一連の安倍晋三事件の闇を明らかにすることを訴えればいい。菅政権は新型コロナ対策の失敗とスキャンダルの続出によりすでに死に体である。これで選挙に負けたら党の存在意義すら消滅する。

火に油の森喜朗には五輪中止まで暴走して欲しかった

▼2021年2月13日

東京五輪・パラリンピック組織委員会会長（当時）の森喜朗は、かつてフィギュアスケートの浅田真央選手が転倒したことを受け「あの子、大事なときには必ず転ぶんですよね」と発言。それ、おまえだろ。2014年のソチ五輪から実に8年越しの大ブーメランである。新型コロナウイルスの感染拡大と医療崩壊が進む中、森は台風で運動会が中止になったときの幼児のように「コロナがどういう形であろうと必ずやる」とひっくり返ってわめき散らしていたが、結局、オウンゴールで五輪を中止に追い込んでくれそうな勢いである。こうした森のおバカさ加減は嫌いになれない。

日本オリンピック委員会（JOC）の女性理事を増やす方針に関し、森は「女性がたくさん入っている理事会は時間がかかる」と発言。「女性蔑視だ」との抗議の声が噴出したが、森はさらに火に油を注ぐ。翌日の謝罪会見では、質問をした記者に対し「あんたの話は聞きたくない」と逆ギレ。「オリンピック精神に反する発言をする人が組織委の会長をするのが適任か」と聞かれると「さあ? あなたはどう思いますか」と逆質問。最後は「面白おかしくしたいから聞いてんだろ?」と吐き捨てた。たしかにメディアは面白おかしくしたいのだろうが、それに必要以上に応えるのが森である。

英ガーディアン紙、米ニューヨーク・タイムズ紙をはじめ、世界中のメディアは一連の発言を報道。現在、日本が置かれている状況を森は見事に発信してくれた。

周辺も続々と追加燃料を投下。菅義偉と官房長官の加藤勝信は「森会長の発言内容の詳細について承知していない」とすっとぼけたが、これで世論はさらに沸騰。

東京都知事の小池百合子は「絶句した」などと言っていたが、こいつらは内心ではほっとしていると思う。世間の目が森に向かえば五輪中止により発生する責任問題から自分たちは逃げることができる。

招致の際に安倍晋三が流した福島原発事故に関する数々のデマ、当初の発表から4倍以上に膨れ上がり3兆円を突破した予算、竹田恒和JOC前会長の贈賄容疑、新国立競技場設計の迷走、エンブレムのパクリ騒動……。当初から一貫して嘘と汚辱にまみれたクソ五輪。森は辞任を拒否し、五輪が中止になるまで暴走を続けてほしかった。

▼2021年2月20日
可能性はほぼゼロ！ 安倍がぶち壊した北方領土返還

ロシア大統領のプーチンが「ロシアの基本法（憲法）に反することは一切行わない」と発言。ロシアでは2020年7月の憲法改正で領土の割譲を禁じる条項が新設されている。これについて、いくつかのメディアが「北方領土の引き渡しを否定した可能性がある」などと書いていたが、なにを今更である。ロシアは最初から1島たりとも返還するつもりはない。

領土割譲の禁止条項には「隣国との国境画定作業は除く」とする例外規定があるが、それが適用されるわけもない。今回プーチンは、日ロ間の境界線について、「ラブロフ外相に尋ねるべきだ」と発言。周知のとおり、ラブロフは領土問題は存在せず、国境も画定済みだとする立場である。国家安全保障会議副議長のメドベージェフ前首相は「（改憲により）我々にはロシア領の主権引き渡しに関する交渉の権利はなくなった。交渉の対象（領土問題）は消えている」と述べている。つまり完全に「終わった話」ということだ。

一方、日本はどのように動いてきたのか。

2016年、安倍晋三は日本側の巨額投資を中心とする「共同経済活動」案を提示。最初から主権問題を棚上げし、ロシア側を驚かせた。2018年には平和条約締結交渉を進めることを合意したが、その後もロシアは北方領土の軍事拠点化を進めていく。同年12月、プーチンは「日本にどのくらい主権があるのか分からない」と発言。わかりやすく「超訳」すれば、「アメリカの属国に領土を渡すわけないだろ、ボケ」ということだ。

安倍は「自分の任期内に領土問題の決着をつける」「新しいアプローチ」「未来像を描く作業の道筋が見えてきた」「アタクチの手で解決」などと繰り返し、結局、上納金と一緒に国土をプーチンに献上した。

現政府はバカのひとつ覚えのように「領土問題を解決して平和条約を締結するとの基本方針」と繰り返すが、それをぶち壊したのも安倍である。2018年9月、プーチンは「前提条件をつけずに年内に平和条約を締結し、すべての問題の議論を続けよう」と発言。これに対し安倍は反発するどころか、謎の満面の笑み。この態度が問題になると、「プーチンに対し直接反論した」と嘘までついた。

北方領土がこの先戻ってくる可能性はほぼゼロである。

デマ垂れ流し集団「維新」の〝ファクトチェック〟

▼2021年2月27日

ごくたまに抜群に面白いツイートを見かけることがある。たとえば、大阪維新の会による2月17日のツイート。

《【お知らせ】我が党では、昨今の深刻化するデマ情報の氾濫を受け、住民の皆様に正しい情報を知っていただけるよう情報の真偽を客観的事実をもとに調査し、事実を発信していく公式ファクトチェッカーを開設しました。見逃せないデマ等御座いましたら情報提供ください》

これには声を上げて笑ってしまった。これまで散々社会にデマを垂れ流してきた集団が「ファクトチェック」を行うという。盗人猛々しいというか、なんの冗談なのか。大阪維新代表の吉村洋文はこれについて「ネット上のデマが出回る傾向が強い。特に〝維新憎し〟でいろんなデマが匿名で出回る。それがリツイートされたり、拡散されて、あたかも本当かのように情報が出回ってしまう。これはよくないと思う」「組織として対応していこうという判断」と説明。

独立した第三者ではなく特定の政党が「ファクトチェック」を始めるというのも異常極まりないが、ネット上の情報を事実なのかデマなのか確定させること自体は大事なことである。

そこで私も大阪維新に15件ほどファクトチェックを依頼した。

《2015年5月17日の大阪市住民投票直前になると、橋下徹は「都構想の住民投票は1回しかやらない」「賛成多数にならなかった場合には都構想を断念する」と明言したという話は事実ですか、デマですか》

大阪維新がばらまいた嘘が並べられたビラや目盛りをごまかした詐欺パネルなどについても画像をつけてファクトチェックを依頼したが、おそらく連中は検証すらしないはずだ。その目的は正当な批判をデマと決めつけ世論操作することと、都合の悪い事実の発信者に対しスラップ訴訟をちらつかせながら恫喝することだろうからだ。

ここのところ問題が発生すると組織の責任者が居丈高になって「問題を追及すべきだ」「責任を明らかにしなければならない」などと言い出すケースが増えてきた。本来なら、頭を下げる側の人間であるにもかかわらず。そして世論やメディアと一体になって「改革者面」「被害者面」を始める。こうした茶番の先駆けが大阪維新である。

▼2021年3月6日

リコール署名偽造はあの界隈による国家国民攻撃だ

愛知県のリコール署名偽造騒動。俯瞰《ふかん》して言えば、人々の薄汚い感情を養分として肥え太ったあの界隈（ビジネス右翼・反日カルト）が、国家および国民に攻撃を仕掛けたということだろう。公的な制度をハッキングした一種のテロ行為と指摘する論者も複数出てきたが、その通りだ。

県選管によると、署名の8割超に当たる約36万人分が無効だった。同じ筆跡や既に死亡した住民約8000人分の署名、同一人物が押したとみられる指印もあった。佐賀市内では署名の書き写しにアルバイトが動員され、1000万円超の給与が支払われている。県選管は2月15日、被疑者不詳のまま地方自治法違反容疑で刑事告発。県警は同24日から3日間、県内の市区町村選管64カ所を捜索し、署名簿を押収した。

周知のとおり、この運動はネトウヨ整形医の高須克弥が主導し、名古屋市長の河村たかしが賛同、日本維新の会の田中孝博がリコール団体の事務局長をやっていた。

高須は不正関与を否定したが、言動が極めて不自然。偽造署名に気づきメディアに告発した複数のボランティアをなぜか刑事告訴し、さらには署名簿が返還された場合は溶解処分すると言い出した。河村は「私も被害者」などと言っていたが、自身の事務所で管理している約3万人分の名簿を事務局に提供している。

田中も関与を否定したが、発注書を受け取った広告関連会社の幹部の説明と食い違いが生じている。

ラノベ作家の百田尚樹は「県民は真実を知らない可能性がある」などと言っていたが、「知らんがな」と真っ先に逃亡。賛同していた周辺のネトウヨオールスターズもだんまりを決め込んだ。

維新の会周辺にはいかがわしい話が多すぎる。創始者の橋下徹からして、実在しない人物を利用した過去がある。「広がる橋下ネットワーク」という自己紹介パンフレットには、実在しない公認会計士や税理士らの名前がずらりと並べられていた。橋下同期の弁護士たちが「こんなもの配ったら懲戒請求されるぞ」と警告すると、橋下は「だって、本名書いたらバレますやん」と答えたという（「毎日新聞」2012年4月15日）。

国と社会を汚染する悪の組織の実態を早急に解明すべきだ。

▼2021年3月13日

盗っ人猛々しい安倍晋三の3・11発言

国と社会を破壊し、総理大臣辞任後は証人喚問からも逃亡中の安倍晋三だが、ほとぼりも冷めたとばかりに、のこのこと出てくるようになった。

東日本大震災から10年を迎えるのを前に、時事通信のインタビューに応じ、復興に向けて「一定の役割を果たせた」などと自画自賛。福島第1原発事故については「民主党は政権運営に十分慣れておらず、菅直人首相は原子力緊急事態宣言を直ちに出すべきだったのに遅れた。現場の要望を聞くネットワークもなく、行政を動かす能力に欠けていたと言わざるを得ない」と発言。

盗人猛々しいとはこのことだ。共産党の吉井英勝が巨大地震により電源喪失が発生し、原子炉が冷却できなくなる危険性があるとの質問主意書を提出すると、２００６年12月22日、安倍は「(全電源喪失) 事態が発生するとは考えられない」という答弁書を送付する。結局、対策をとらないまま、２０１１年3月11日、福島第1原発で全電源喪失事態が発生し、炉心溶融（メルトダウン）により放射性物質が拡散した。

安倍は嘘とデタラメの「安全神話」を振りまき、国民を欺き、被災者をさらに帰還困難に追い込み、わずか3年間の民主党政権に責任を押し付け、しまいには原発再稼働や新増設を口にしだした。不道徳にも程がある。要するになんの責任も感じていないのだ。

東日本大震災を利用し、「アンダーコントロール」という嘘とデマにより招致した東京五輪については「人類が新型コロナウイルスに打ち勝った証しとして開催できれば、五輪の歴史に残る大会となる」と発言。すでに安倍のせいで腐臭を放つ「歴史に残る大会」になっているのにね。

安倍は総理辞任の際、北方領土問題や北朝鮮の拉致問題に触れ「痛恨の極みだ。志半ばで職を去るのは断腸の思い」などと言っていたが、「半ば」どころか大きく後退。

領土交渉は完敗し、拉致被害者は安倍政権下では一人も帰ってこなかった。
2010年、安倍はラジオ番組で政界引退後は映画監督になりたいと発言。《撮るとしたらヤクザ映画ですかね。『仁義なき戦い』をさらにドキュメンタリータッチにして、それと『ゴッドファーザー』を足して2で割ったものとかね》
いや、7年8カ月にわたり、それを地でやっていたのはおまえだろう。

精神の豚による祭典「オリンピッグ」は中止に

▼2021年3月27日

東京五輪の開閉会式の責任者が、出演予定のタレント渡辺直美を豚として演じさせるプランを提案していたと「週刊文春」が報じた。統括を務めていた佐々木宏（電通出身）は2020年3月5日、開会式の演出を担うメンバーのグループLINEに以下のようなメッセージを送付。
《ブヒー　ブヒー／（宇宙人家族がふりかえると、宇宙人家族が飼っている、ブタ＝オリンピッグが、オリの中で興奮している。）》《空から降り立つ、オリンピッグ＝渡

辺直美さん》

小学生レベルの悪口である。センスも絶望的に古い。外野が「いじめ」なのか「いじり」なのかと騒ぎ立てていたが、これは本人がどのように受け取るかの問題。当事者である佐々木が「大変な侮辱となる私の発案、発信。取り返しのつかないこと」と謝罪し、渡辺が「普通に面白くない」「意図が全くわからない」「私がブタである必要性って何ですか」と言っている以上、これは「面白くもない侮辱」なのである。

しかし、勝手に真意を忖度したり、妄想を膨らませるやつが次々と出てきた。特にお笑い芸人の松本人志はひどかった。

「文春はあるタレントの『A子さん』でよくないですか。なぜ1年も前のいわば陰口みたいなことを、なぜわざわざ名前を全部出してまで言うのか」

「一番損するのは彼女というか、嫌な思いをするのは彼女ですよね」

被害者を気遣うふりをして問題を隠蔽しようとしているだけ。佐々木と松本は同じようなにおいがする。当人だけが面白がり、はた目には痛々しい。

森喜朗の女性蔑視発言、橋本聖子のセクハラの過去再燃の次は、女性の豚扱いときた。

ブヒー　ブヒー／興奮した精神の豚たちが、コロナ感染が拡大する中、恥知らずの「運動会」を強行しようとしている。

作家の三島由紀夫は、日本人は豚になると言った。

《いや、日本人は大丈夫だ、日本人というのは放っておいても、いざという時にやるさ。ところが、放っておくうちにですね、お腹の脂肪が一センチづつだんだんだんだん膨らんでくるのが、皆さんの体験的事実としてご存知だと思うんです。そして、人間というのは豚になる傾向もっているんです》（「我が国の自主防衛について」）

精神の豚による祭典、〝オリンピッグ〟は今からでも中止すべきである。

第10章

2021年4月〜6月

〝バカの祭典〟に突っ走る国民軽視の問題外政権

●この期間の主な出来事

4月25日：新型コロナウイルスの感染拡大を受け、4都府県に緊急事態宣言が発令される

5月24日：政府はツイッターで新型コロナウイルスの感染状況を「さざ波」と表現した高橋洋一内閣官房参与の引責辞任を発表

6月21日：元自由民主党所属の菅原一秀衆議院議員に罰金、公民権停止期間を3年とする略式命令がくだされる

▼2021年4月3日
「国益を守る」なら嘘つき恥知らずの責任追及を

安倍晋三がほとぼりも冷めたとばかりに自民党新潟県連のセミナーで講演（3月27日）。「自衛隊は憲法違反という立て看板が立てられている。その状況に終止符を打つことが私たちの責任だ」と述べたそうだが、安倍はその立て看板を実際に見たのだろうか？

こうした疑問が浮かぶのも安倍には〝前科〟があるからだ。私は即座に「お父さん、自衛隊は違憲なの？」と涙を浮かべながらたずねるかわいそうな自衛官の息子という安倍の講演の鉄板ネタを思い出しましたよ。子供が泣いたから改憲が必要というのも意味不明だが、安倍の脳内では整合性があるらしく、あちこちで同じ話をしている。

ちなみにこれは国会でも問題になった。2019年2月13日、立憲民主党の本多平直議員が「どこで聞いた話なのか」と問うと、安倍はいきりたち「本多委員はですね、アタクチが言っていることは嘘だと言っているんでしょう」「アタクチが嘘を言うわけないじゃないですか」とまくし立てた。

その発言自体が嘘である。これまでもこのホラ吹きは根も葉もない嘘を数えきれないほどついてきた。この件に関しても説明がコロコロ変わり「自衛官から直接聞いた」という話は「防衛省担当の総理秘書官から間接的に聞いた」という話にすり替えられた。

「採択されている多くの教科書で、自衛隊が違憲であるという記述がある」という安倍の発言（2017年5月9日）も大嘘だった。文部科学省の検定に合格した教科書にそのような記述のあるものは一つもない。

同講演で安倍は「今なお自衛隊の多くは命がけのスクランブル（緊急発進）のために飛んでいる」「国益を守り抜かなければならない」とも言っていたが、盗人猛々しいとはこのことだ。

デタラメな改憲案で国体を攻撃し、5年前に施行された安保法制では「アメリカの戦争に巻き込まれることは絶対にない」「自衛隊のリスクが下がる」などとデマを流しながら、裏ではトランプに「支持率を下げながら安保関連法を成立させた」などと媚を売っていた。

60兆円を世界中にばらまき、北方領土はロシアに献上、拉致問題も日米地位協定も放置し、不平等条約締結や水道民営化などに邁進した。「国益を守る」と言うなら、まずはこの恥知らずに責任を取らせることが必要だ。

▼2021年4月10日

聖火ランナーも競技もロボットにやらせるのはどうか?

利権と保身により引き返せなくなった人々が、新型コロナ下における狂気の東京五輪に突き進もうとしている。3月25日には福島県で聖火リレーが始まり、約1万人のランナーが121日をかけて全国を走るとのこと。バカなんですかね?

組織委員会は、安全・安心を最優先に掲げ、沿道の観客に対し密集を避けるように呼びかけたが、だったら最初からやらなければいいだけの話。ではなぜこのような不要不急の感染拡大イベントをやるのか?

結局はカネとプロパガンダだろう。これはうがった見方ではない。聖火リレーは、ナチス総統のアドルフ・ヒトラーがプロパガンダを目的に始めたものである。1936年のベルリン・オリンピックでギリシャから火が運ばれたのは、「ゲルマン民族はヨーロッパ文明の源流たるギリシャの後継者である」と主張するためだ。要するにオカルト。

国民の約8割が中止か延期を求めているのに、それでも五輪を強行しようとするのは莫大なカネが動くからだろう。実際、福島県のリレーでは、ランナーよりスポンサー企業の宣伝車両が目立っていた。改造車が大音量で音楽を流し、荷台にはDJが乗り込みマスクをつけずに叫んでいたという。

東日本大震災の被災地や白血病を乗り越えた選手を「感動のネタ」として利用するのも不謹慎極まりない。

しかし、こんな危険な汚れ仕事をなぜ生身の人間にやらせるのか。今は部屋掃除もロボットがやる時代である。聖火ランナーも競技もロボットにやらせるのはどうか。各国は現地から遠隔操作すればいい。科学技術を競うことで国威発揚にも使えるし、中止よりは経済的ダメージが少ない。そしてなによりも新型コロナの感染拡大により人が死ぬ危険性が減る。こうすれば確実に「安全・安心」な東京五輪になるだろう。

このまま突き進めば、地獄が待っているだけだ。台風並みの風雨でも「絶対に消えない聖火」との触れ込みのトーチは、風も強くなかったのに初日に2回も消えた。群馬県のリレーでも2回消えている。

これは神様が警告をしたのだろう。ギリシャの神々の怒りを買った可能性もある。天に唾すれば、われわれ人類は、必ず報いを受けることになる。

▼2021年4月24日 安倍ヨイショに精を出す三浦瑠麗というデマゴーグ

自称国際政治学者の三浦瑠麗が、大阪で3度目の緊急事態宣言が出されることについて「政治家としては、責任を逃れるためにやれるだけのことは全部やりましたよといったアリバイづくりが必要になってくるわけです」などと放言していた（4月20日）。新型コロナウイルスについてこれまで散々デタラメな発言を垂れ流してきたのだから、人のことより自分の「アリバイづくり」に精を出したらどうか？

2020年5月14日には《一刻も早く「通常運転」に復帰すべきであるにも関わらず、ダラダラと緊急事態宣言解除の判断を先延ばしにし、自粛の雰囲気を持続させて経済・社会を窒息させている》《本当は、コロナ自体は当初思ったよりも大きな脅威ではありませんでしたと宣言すべき》などとツイート。意味不明。新型コロナは当初思っていたより大きな脅威だったから、対応が後手後手に回り、医療崩壊を招いたのである。

全世帯に布マスク配布という安倍晋三と周辺一味による世紀の愚策を三浦は《ありがたい》と全力で礼賛。問題になっていた布マスク配布をめぐる不透明なカネの動きには一切触れず論点をずらすわけだ。

三浦は竹中平蔵らによる安倍の諮問機関「未来投資会議」入りし、その方針によるＧｏＴｏキャンペーン強行を支持。

残念なことだが、世の中には悪党としか呼べない人間が存在する。三浦はとりかえしがつかない状況になった後にまったく逆のことを言い出した。

1月5日には「第1波、第2波が収まってから、（国は）ほとんど医療体制の拡充を頑張ってきていない」「（療養するための）ホテルを借り上げていたものを元に戻してしまったりしている」「高をくくっていたんじゃないか」と発言。高をくくっていたのはどこのどいつなのか？

卑劣、無責任、盗っ人猛々しいとしか言いようがない。

TBSキャスターの金平茂紀は、シリアで誘拐されたジャーナリストの安田純平についてデマを流した三浦に対し、「三浦瑠麗氏が政治学者として食っていけるのが問題」「三浦瑠麗って人、テレビがよく使うらしいのですけども、政治学者のくせに、(発言が) 全然事実に基づいていない」と批判していた。事実に基づかない話を垂れ流す人間のことを、一般にデマゴーグと言う。

▼2021年5月1日
間違いを認めず自己正当化する連中から社会を防衛するには

新型コロナウイルスの流行があらたな局面に入ってきた。感染者に変異株の占める割合が高まり、関西では既に主流となっている。世界では死者が300万人、国内では1万人を超えた。変異株による重症者も40代や50代が増えている。また発症から重症化までの日数も従来株より短い。大阪はすでに医療崩壊。ワクチンの入手も遅れに遅れ、変異株に対応できるのかもわかっていない。

このように新型コロナは日々刻々と変化しているのに、頭の中を更新できない人たちがいる。

2020年の春ごろだったら不安に支配された人たちをだますことができた「コロナ楽観論」をいまだに説いて回る悪質な連中もいる。

「自分は社会の困窮者を救う悲劇のヒーローだ」みたいな自己陶酔に浸った大学教授が、正義（と本人が思い込んでいるもの）のために暴走し、最後には陰謀論者の集団と一緒になって声明を出すようなケースもあった。

「新型コロナは他の疾病に比べても大騒ぎするようなものではない。メディアが騒ぐので過剰な行動制限がかかり経済が疲弊している。これは全体主義だ」といったレベルの言説も一時期蔓延していたが、こちらもいまだに繰り返す人々がいる。

私は新型コロナについて判断を間違えた人々を後知恵で批判するのは間違っていると思う。誰しも判断を誤ることはある。問題は次々と新しい事実が判明しても自分の判断の間違いを認めることができず、大声を出し自己正当化をはかろうとする連中だ。

結局、現実を直視できない人間が被害を広げるのである。

こうした状況からどのように社会を防衛すればいいのか？

すでにわれわれは新型コロナ発生から1年半の経験を持っている。その個々の事例を時系列にひとつひとつ振り返り検証していくしかない。

今回私は新型コロナに関する一連の経緯と政治家や言論人の発言について『コロナと無責任な人たち』にまとめた。

発言の変遷、それに対する説明の有無、グラフの正当性など、今後は各方面の専門家を交えて徹底検証することが必要だ。

デマを流すのは簡単だが、それを修正するのは難しい。しかし、こうした地道な作業以外に文明社会を維持する方法はないのだ。

▼2021年5月22日

河野太郎に垣間見える「自分大好き昭和歌謡」の系譜

自己愛過剰な人を見ているとハラハラする。「僕を褒めて」というオーラを全身から出しているので近づくと目がくらむ。とにかく自分が好きなので、部下の手柄は取り上げるし、失敗の責任は部下に押し付ける。SNSでも自分のすごさを全力でアピールする人は多い。映りのいい自分の顔写真を載せてみたり、有名人との交流を誇示したり。

マウンティングを取りたがるのは人間の性なのかもしれないが、それが政治家になると、鼻持ちならないだけでなく、危機管理上の問題にもなってくる。ワクチン担当相の河野太郎は、あの風貌でナルシスト全開だからコミカルに見える側面もあるが、やはり度を越している。

功を焦るあまり、テレビ番組で「(大規模接種センター東京会場で1日1万人の接種について) 1日どれぐらい打てるのか、医官、看護官を配置できるのか、自衛隊が検討しているので。そこはこういうオペレーションができると言っているので自衛隊に任せたいと思っている」と発言(5月5日)。

しかし、防衛相の岸信夫は実現は厳しいとの見解を示していたし、防衛省の中からも「丸投げ発言はひどい」「非現実的」「厚生労働省の管轄でやるべき」との声があがったという。要するに防衛省とのまともな調整もなしに「もっと僕を見て」とやっている感をアピール。これで接種目標に達しなかったら自衛隊に責任を押し付けるつもりなのか。

政府は接種業務を担う自治体に対し、住民の年齢や居住地域ごとに接種券を段階的に発送して、予約の集中を防ぐよう求めていたが、多くの自治体では、受け付け初日から予約の申し込みが殺到し大混乱。河野はテレビ番組で「これは完全に僕の失敗だ」と謝罪したが（5月12日）、責任を取るつもりはさらさらないようだ。

同日出演した別のテレビ番組ではお笑い芸人に「次、総理のポスト狙ってるわけだから」とおだてられ、満面の笑みを浮かべていた。

石原裕次郎『わが人生に悔いなし』、増位山太志郎『男の背中』といった、昭和の「自分大好き歌謡」みたいな系譜がある。

河野が沖縄の子供の貧困問題について「若年妊娠が引き金」などと切り捨てたのも、価値観が昭和の困ったオッサンのところで止まっているからかもしれない。

▼2021年5月29日

手のひら返しのシッポ切りをみせた吉村知事こそリコールを

いつもの維新の会のやり方だが、今回の吉村洋文の手のひら返しもすごかった。愛知県のリコール署名偽造事件で、運動団体事務局長の元愛知県議・田中孝博が地方自治法違反（署名偽造）の疑いで県警に逮捕されると、吉村は「厳正に処罰されるべきだ」と発言。「党として関与しているものではない」とも言っていたが、日本維新の会衆議院愛知5区支部長で次の衆院選候補予定者だった田中が実行犯で、副代表の吉村が全力で支持していたのだから、そんな言い訳が通用するわけもない。不正を支持していたのではないと言い張るなら、田中を尻尾切りするだけではなく、党として真相を究明すべきではないか。

田中は佐賀市で署名簿の偽造作業が始まったとされる2020年10月下旬に「佐賀でのことは高須（克弥・リコールの会会長）さんも知っている」と周囲に話していた。これまで高須から運動団体に1200万円の貸し付けと150万円の寄付があったことが判明しているが、さらには高須の女性秘書が押印のない署名簿に自身の指印を押し、署名偽造に加わっていた。県警は名古屋市内の高須の関係会社を家宅捜索（5月24日）。高須は「彼（田中）が総指揮を執るように僕が全権委任したので、結局僕が命令したのと同じ」「最終的な責任は全て僕にあるので全ての責任を取ります」などと言ってきたが、一方で「全く知らない」と言い、なんとか逃げ切ろうとしているようにも見える。逮捕前、田中は「否認はしない。僕はカンモク（完全黙秘）です」と語っていたが、そうすれば出所後、ご褒美があるのだろうか？

高須は過去に脱税事件やナチス礼賛で物議をかもしたいかがわしい人物だが、彼を「先生」と呼び、心酔しているのが吉村である。リコール運動に誘われた際は、《リコールは簡単にはいかないと思いますが、応援してます、なう》とツイート。

高須の顔写真がプリントされた枕を抱きしめて恍惚の表情を浮かべる姿もツイートしている。貢物も欠かさない。カレーパン、「先生の好きな今治タオル」、ペアの部屋着……。新型コロナが大阪で猛威を振るう中、他県のリコール運動に夢中になっていた吉村という異常な人物を大阪府民は早急にリコールすべきである。

▼2021年6月5日

完全にいかれた〝バカの祭典〟の責任のありか

ニュージーランド保健省の新型コロナウイルス対策本部の顧問を務めるオタゴ大学のマイケル・ベーカー教授が、東京五輪開催は「ばかげている」「今五輪を開催することは命を失うことにつながる」と批判。その言葉に尽きる。

国際オリンピック委員会（ＩＯＣ）会長トーマス・バッハ「五輪の夢を実現するた

めに、誰もがいくらかの犠牲を払わなければならない」」、IOC調整委員会委員長ジョン・コーツ「五輪期間中に日本で緊急事態宣言が出されていても大会は開催する」、IOC元副会長で最古参委員のディック・パウンド「菅首相が中止を求めても開催される」「アルマゲドン（人類滅亡）が起きない限り、東京五輪は開催される」。いずれも「バカ」の一言で片付く話だ。

一番の問題はこの〝バカの祭典〟を中止に追い込む力が弱すぎることである。分科会の尾身茂会長は五輪強行によるインド変異株流行への影響について「リスクがあるのは当然」と発言。また人流により変異株の〝東京五輪株〟が発生する可能性も各方面から指摘されている。

にもかかわらずIOCが五輪開催にこだわるのは放映権料など莫大な利権があるからだ。この先、IOC関係者だけで約3000人が来日することになっているが、バッハをはじめIOCや各競技団体の幹部には5つ星の最高級ホテルの〝貴族生活〟が約束されている。

確実に言えるのは五輪強行により日本人が死んでも誰も責任を取らないことだ。選手が犠牲になってもおかまいなし。実際、IOCの最高執行責任者のラナ・ハダッドは、選手に対し、大会期間中に新型コロナに感染した場合も主催者は免責されるとの同意書に署名させる意向を明らかにしている。

すべてが完全にイカれている。選手村では物理的な接触を避けるよう求める一方で、16万個のコンドームを配るとのこと。菅義偉は五輪を強行し、お祭りモードで選挙に突入することしか考えていないので、決定権はIOCにあると繰り返すばかり。これでも主権国家なのか？

仮にドイツで五輪が開催されるとして国民の8割が反対していてもIOCは強行するのか。連中の発言からは有色人種の国なら何をやっても許されるという傲慢さしか伝わってこない。これは人種差別の問題である。

▼2021年6月12日

惨事便乗ビジネスの草刈り場と化した「パソナ五輪」

ここまで嫌がられるオリンピックも珍しい。国民の8割が開催に反対し、世界中から危険を指摘する声が上がっている。賛成しているのは莫大な利権が転がり込んでくる国際オリンピック委員会（ＩＯＣ）と、そのおこぼれにあずかる連中くらいだ。

五輪を強行すれば新型コロナウイルスの感染は拡大するし、人流により変異株の〝東京五輪株〟が発生する可能性もある。

ツイッター上には「殺人オリンピック」「強行派は死の商人」「バカの祭典」といったハッシュタグが次々と立ったが、中でもしっくりきたのが「パソナ五輪」である。

五輪スポンサー企業のパソナ会長で政商の竹中平蔵はテレビ番組で、五輪開催に懸念を示した政府分科会の尾身茂会長を批判。「明らかに越権」「本当にエビデンスがないと私も思いますけど、人流を止めればいいんだとか、なってるでしょ」「分科会がまた変なことを言う可能性がある。社会的になんか専門家だと思われてるから」

一体何様のつもりか？　尾身会長は感染症の世界的権威である。西太平洋地域において ポリオの根絶を達成し、これまで多くの命を救ってきた。一方、竹中がやってきたのは国に寄生し、私腹を肥やしてきたことくらい。せいぜい「中抜き」の専門家である。

今期パソナが純利益１０００％増という収益を上げたのも、新型コロナとオリンピック関連の国の事業で焼け太りしたからだ。五輪組織委はパソナ以外から人材派遣サービスを受ける場合、その旨、書面で承諾を受けないといけない契約になっている。また、竹中はワクチン大規模接種センター（東京）の予約システムを手掛けたマーソ社の経営顧問にもなっていた。この30年以上にわたり竹中は政界で構造改革をそそのかし、その利権でボロ儲けしてきた。結果、国は大きく傾いた。

竹中が言っていることは、泥棒が「家に鍵をかけるな」と言うのと同じ。これからが本格的な稼ぎ時なんだから邪魔するなと。絵に描いたような惨事便乗型ビジネスである。

▼2021年6月26日
めくらましの五輪選手より検察にエールを

白昼堂々と行われた自民党による大犯罪。2019年7月の参院選広島選挙区を巡る大規模買収事件で、公職選挙法違反に問われた元法相の河井克行に対し、東京地裁は懲役3年、追徴金130万円の判決を言い渡した。

国の根幹を破壊する蛮行がまかり通ったのも、「安倍（晋三）さんから」（広島県府中町の町議の証言）と言って現金を配っていたのだから、もらう側も油断があったのだろう。実際、克行自身も検察を抑え込む自信があったようだ。「週刊文春」(2020年6月25日号)によると、広島地検の幹部は記者に対し「官邸が圧力をかけて、河井夫妻の捜査をやめさせようとしている」と発言。また克行は法相に就任すると知人に対し「法務・検察の上に立った。もう何があっても大丈夫だ」と語っていたという(「東京新聞」同年6月19日)。

党広島県連の反対を押し切り、克行の妻案里の擁立を主導したのは安倍である。通常1500万円程度の選挙資金の10倍にあたる1億5000万円が河井陣営に流れた理由は、かつて安倍を「もう過去の人だ」とこきおろした元参議院議員の溝手顕正を落とすためだろう。要するに私怨。実際、党広島県連関係者は党本部サイドから「これは総理案件だから」と説明されたという(「毎日新聞」同年6月18日)。

この資金が買収原資に充てられることを認識していた場合、公選法の買収目的交付罪に該当する可能性がある。なお、裁判では検察側が資金が買収原資だったと供述した河井陣営の元会計担当者の調書を読み上げている。

では誰が指示したのか。党幹部は口を濁して逃げ回っていたが、ついに二階俊博が「党全体のことをやっているのは総裁(当時の安倍)とか幹事長の私。党の組織上の責任はわれわれにある」と自白（5月24日）。菅義偉も「当時の（自民党）総裁と幹事長で行われていることは事実ではないか」と発言（6月17日）。耳をかっぽじって聞いてください。総理大臣と党幹事長が責任は安倍にあると名指ししたわけです。

資金提供が行われた前後には、克行と安倍は頻繁に単独面談を行っている。安倍による犯行であることが明らかになった場合、自民党の存続に関わる問題になる。

目くらましの東京オリンピックに浮かれている場合ではない。今、応援すべきは選手ではなく検察だ。

最終章

2021年7月〜8月

腐敗五輪と自公大惨敗までのカウントダウン

JMPA

●この期間の主な出来事

7月12日：東京都に4度目となる緊急事態宣言が発令される
7月19・22日：過去の言動が問題視された東京オリンピック開会式、閉会式の関係者の辞任、解任が相次ぐ
7月23日：東京オリンピックが開会
8月8日：日本が過去最多のメダルを獲得した東京オリンピックが閉会。期間中、過去最多の新型コロナ感染者数を記録

▼2021年7月3日

「政界のへずまりゅう」安倍晋三の大ブーメラン

先日、有名ユーチューバー31人が緊急事態宣言下にもかかわらず深夜までドンチャン騒ぎをして社会問題になっていた。面白かったのは迷惑系ユーチューバーのへずまりゅうが《なぜこいつらは人に迷惑を掛けるのでしょうか？　またYou Tuberのイメージが下がりました。緊急事態宣言の意味を知らないのか？　ノーマスクで街を歩む大勢で会食する。コロナを軽視し過ぎだと思いませんか？》と苦言を呈していたこと。これは別のユーチューバーがへずまりゅうのメールを紹介したものだが、まさに大ブーメラン。典型的な「おまえが言うな」である。

へずまりゅうは2020年5月、大阪市内のアパレル店で購入したTシャツが偽物だと経営者に罵声を浴びせて返品を迫り、威力業務妨害罪と信用毀損罪で逮捕。さらに同月、愛知県岡崎市のスーパーで会計前の魚の切り身を食べて窃盗罪にも問われている。

自分は追及される対象なのになぜか居丈高になる人々がいるが、「政界のへずまりゅう」こと、迷惑系政治家の安倍晋三のブーメラン発言もたびたびお茶の間に苦い笑いを届けてきた。ベスト4を振り返ってみる。

【第4位】広島の巨大買収事件で河井克行・案里夫婦が逮捕される直前、「国会議員として、さまざまな疑いについては国民に説明を果たす責任を負っている」。森友事件、「桜を見る会」事件などさまざまな疑惑から逃亡し、しかも買収が「安倍案件」であることが疑われる中でのこの発言。誰もが深いため息をついた。

【第3位】「朝日新聞」の報道について「なかなか、捏造体質は変わらないようだ」。説教強盗とはこのことか。安倍は「採択されている多くの教科書で自衛隊が違憲であるという記述がある」といった捏造を繰り返してきたデマゴーグである。

【第2位】「人を指さすのはやめた方がいいですよ、これは人としての初歩ですから」。国会では野党議員を指さしニュース番組では岸井成格《しげただ》を至近距離から指さしていた。

【第1位】「一部の人だけに富が集まる、あるいは無法者が得をする状態をつくってはなりません」。「一部の人だけに富が集まる、あるいは無法者が得をする状態」をつくったのが安倍政権だった。

へずまりゅうは初公判で号泣したそうだが、安倍が自分の行いを反省する日は来るのか。

▼2021年7月10日

66歳児安倍晋三こそ内なる敵だ

追い詰められるとやたらと能弁になる人間がいる。悪政により日本を三流国家に落とし込み、その責任を追及されている安倍晋三が典型だ。

先日は、ネトウヨ向け雑誌「Ｈａｎａｄａ」で、東京オリンピック・パラリンピックについて、「歴史認識などで一部から反日的ではないかと批判されている人たちが、今回の開催に強く反対している」と発言。五輪開催を批判する野党については「彼らは、日本でオリンピックが成功することに不快感を持っているのではないか」と述べていた。

妄想も甚だしい。日本国民の7〜8割が開催に反対している中、日本人の命を守ろうと声を上げる人々に向かって「反日」って、愚かにも程がある。

要するに、安倍こそが反日なのである。事実として安倍は一貫して国を売り、権力を私物化してきた。北方領土の主権の棚上げ、移民政策の推進、憲法破壊……。さらには水道事業の民営化や放送局の外資規制の撤廃をもくろみ、皇室に嫌がらせを続け、不平等条約締結に邁進。国民の財産を海外に流し、トランプ、プーチン、習近平に尻尾を振り続けた。絵に描いたような国賊である。

東京五輪もお得意の大ボラを吹いて招致したものだが、なにが「復興五輪」か。第4波が押し寄せ、ワクチンの供給も追いつかない中、新型コロナが〝復興〟するだけだ。同記事では立憲民主党の枝野幸男について「『非常に自己愛が強いので、批判されることに耐えられないのではないか』と見る人もいる」などと言っていたが、それ、おまえだろ。自己愛と万能感に浸ったこの66歳児は、一体何回ブーメランを投げれば気が済むのか。

類は友を呼ぶ。お仲間のネトウヨライター門田隆将は《メジャーの熱狂や1試合9千人近い動員の日本のプロ野球に全く言及せず〝東京五輪中止〟だけを叫ぶ人々。安倍前首相が「反対の反日的な人達は日本の成功に不快感があるのでは」との発言が的を射ている〝内なる敵〟がここまで露わになったのは喜ばしい》とツイート。

そもそも選手を含め約10万人が来日するオリンピックと、野球の試合を比較すること自体頭が悪いが〝内なる敵〟が露わになったというのはそのとおり。安倍と周辺のいかがわしいメディアこそが、わが国の〝内なる敵〟なのである。

▼2021年7月17日

「日本は普通の国ではない」再認識させた西村発言

経済再生担当相の西村康稔が、飲食店に対する酒の提供停止などの要請を巡り、「金融機関から働きかけを行っていただく」などと発言し、騒動になった（7月8日）。

これは金融機関が融資する側という立場を背景に、新型コロナウイルスの影響で資金繰りに苦しむ飲食店へ圧力をかける行為であり、そもそも法的根拠がない。公共の福祉のために私権の制限が行われるケースは当然ありえるが、法的根拠がないなら人治国家と変わらない。

翌日、菅義偉は「私は西村大臣がどのような発言されたか承知していない。西村大臣はそうした趣旨の発言は絶対にしないと私は思っている」とすっとぼけたが、夕方には官房長官の加藤勝信が「金融機関への要請はしない」と撤回。

これはバカ閣僚がうっかり口を滑らせたという次元の話ではない。西村の議員辞職で済む話でもない。その後、この方針には内閣官房のほかに、財務省と経済産業省、金融庁も関与していたことが発覚したが（7月12日）、菅や加藤らも承知の上で国家の信頼を根本から破壊する活動を組織的に行っていたということである。

テレビ番組のワイドショーではコメンテーターがカマトトぶって「憲法違反の可能性がある」などと言っていたが、憲法はすでに有名無実化している。

日本は新型コロナのパンデミック以前から、緊急事態に陥っていたのである。

これは誇張でも比喩でもない。2017年2月8日、防衛相の稲田朋美は陸上自衛隊の日報で南スーダンの戦闘が報告されていた件について「事実行為としての殺傷行為はあったが、憲法9条上の問題になる言葉は使うべきではないことから、武力衝突という言葉を使っている」と国会で発言。現役の閣僚が国が憲法違反をやっていると公言したわけだ。

公文書改竄、データ捏造、日報隠蔽、権力の私物化……。普通の国なら何度も政権が吹っ飛ぶ失態が繰り返されてきたが、責任の所在が曖昧なのは日本が普通の国ではないからだ。

西村発言はそれを国民に再確認させた。日本政府は悪党に完全に乗っ取られている。

われわれ日本人は近づいてきた総選挙で政府とその補完勢力の暴走にストップをかけなければならない。

▼2021年7月24日

「精神的腐敗・凋落の象徴」小山田は五輪に適任だった

本日、2021年7月23日は非常に残念ながら悪が人類に打ち勝った日として確実に歴史に残ることになる。

世界中の医師や専門家が危険性を指摘し、日本国民の7〜8割が五輪開催に反対する中、利権にまみれた連中がついに国民に攻撃を仕掛けたのである。

米誌「フォーブス」は「トイレがあふれそうなときに、最後に水を入れようとするのか」と指摘していたが、実際、東京五輪はウンコのにおいしかしない。

韓国メディアはトライアスロンなどが行われる会場を「汚物のにおいがする」などと批判。要するに〝ウンコくさい問題〟が〝国際問題〟になっているわけだ。

ウンコといえば、東京五輪開会式の音楽制作に参加したコーネリアスの小山田圭吾が過去の「いじめ告白」の件で騒ぎになり、辞任した。邦楽誌「ロッキング・オン・ジャパン」1994年1月号では同級生に自慰行為を強要したり、排泄物を食べさせたと武勇伝のように言いながら、「だけど僕が直接やるわけじゃないんだよ、僕はアイデアを提供するだけ（笑）」と語り、サブカル誌「クイック・ジャパン」1995年8月号では障害者をいじめたり、特別支援学校に通うダウン症の生徒を笑いものにしていたと話していた。

当然、小山田を非難する声があふれたが、私はむしろ大会組織委員会が当初判断したように続投させるべきだったと思う。

汚辱と恥辱とウンコと利権にまみれたバカの祭典。嘘とデマによる誘致に始まり、開催費用の計算もデタラメ。エンブレムは盗作騒動で変更。森喜朗の女性蔑視発言から、タレントの女性を「豚」として扱う演出まで、東京五輪はわが国の精神的腐敗と凋落の象徴そのものだった。

被災地のための「復興五輪」どころか、新型コロナを復興させるわけだから、これは国民に「ウンコを食わす」いじめそのものだろう。東京五輪のキーワードは「ウンコといじめ」である。そう考えると、小山田が開会式の音楽制作に参加するのは、適任だったのではないか。

▼2021年7月31日

感染拡大の責任は「五輪大成功」のプロパガンダでうやむや

新型コロナウイルスにより世界で410万人以上が死亡する中、感染拡大が危惧されるオリンピックを強行するという人類史上類いまれなる愚行が発生した。

開会式が行われた国立競技場では、上空に約1800台のドローンが地球を描き、ジョン・レノンの曲『イマジン』が流れたそうな。

一体なんのブラックジョークか。想像力が完全に欠如しているから、世界中の医師や専門家が危険性を指摘し、国民の7～8割が反対する中、一部の利権団体や関連企業のために、国民や選手の生命を危険に晒したのではないか。

東京都内では新型コロナの新規感染者数が急上昇、来日した選手や大会関係者も感染し、拡大傾向を続けている。

国際オリンピック委員会（IOC）会長のトーマス・バッハは「選手村の他の住人や日本人へのリスクはゼロだ」などと言っていたが、荒稼ぎした後は、なんの責任も取らずにトンズラするのだろう。

菅義偉も頭の悪さを露呈。開幕直前には「感染者が増える中で開催することで国民の命を本当に守れるのか?」との質問に対し、「そこは守れると思っています。ぜひ分析をしてほしいです」などと無責任なことを言っていた。

米紙ウォールストリート・ジャーナル日本版では、菅は周囲から中止が最善の判断だと何度も助言されたことを明かし、「やめることは一番簡単なこと」「挑戦するのが政府の役割だ」と発言。意味不明。

「競技が始まり、国民がテレビで観戦すれば、考えも変わるとして自信を示した」というが、残念ながらこれは当たっている。

官房長官時代を含め、菅は政府の不祥事の数々を徹底的に時間稼ぎすることでうやむやにしてきた。今回の五輪で感染が拡大しても、国民が忘れるまで放置する算段だろう。それどころか周辺メディアが「五輪は大成功」とプロパガンダを垂れ流せば、簡単に騙される人々が一定数いる。

人間は同じ間違いを何度も繰り返す。新聞には「日本が快進撃」と戦意高揚の見出しが並び、反対しているのは「反日」(安倍晋三)と非国民扱い。「もうはじまってしまったのだから、批判の声をあげても仕方がない。それよりも頑張って戦っている兵隊さんを応援しよう」というわけだ。
日本が再び焦土と化す日も近い。結局、歴史に学ばない人間が国を滅ぼすのだ。

▼2021年8月7日
出来の悪い仮想現実のような菅政権のコロナ対策

東京都知事の小池百合子が、特別支援学校を訪れ、生徒らがVR（仮想現実）技術で東京五輪を観戦する様子を視察したそうな。小池は視察後、8月24日に開幕するパラリンピックの観客の扱いについて「新型コロナウイルスの感染状況次第だ」と発言。感染力が強いデルタ株が猛威を振るい、医療崩壊に突入するタイミングでこの危機感のなさ。菅義偉も「（感染状況が変われば）ぜひ有（観）客で」などと述べていたが、国のトップが狂っているから、すべてが狂い始める。現実感のかけらもない。まるで出来の悪い仮想現実を見せつけられているようだ。

菅は「新型コロナウイルスの感染拡大を阻止することが今、内閣にとって最優先の課題だ」と言いながら、まともな説明もせず、しまいには「私が感染対策を自分の責任のもとに、しっかりと対応することが私の責任」と発言。これでは進次郎のポエムと変わらない。

菅は交通規制やテレワークなどの対応で人流は減少していると言うが、実際には微減に過ぎず、感染拡大対策としてはまったく追いついていない。人流が減らない理由は、緊急事態宣言慣れに加えて五輪強行が引き起こした気の緩みにある。

これまで打つ手がなかったのでも、予測できなかったのでもない。6月2日には政府分科会の尾身茂会長が「今の状況で（五輪を）やるというのは普通はない」と発言。これに攻撃を仕掛けたのは竹中平蔵をはじめとする菅周辺だった。

また、厚生労働省に助言する専門家組織「アドバイザリーボード」も早い段階でデルタ株急拡大を正確に予測していた。菅は周囲から中止が最善の判断だと何度も助言されたことも明かしているが、足りない頭に描いていた五輪を政治利用して総選挙に突入するシナリオから離れることができず、目の前で発生している状況すら見えなくなった。

五輪強行のため、専門家の意見を無視、妨害し、一貫して国民に間違ったメッセージを流し続けた。

京都大学の西浦博教授らのグループが7月末に発表した試算によると、感染拡大のペースが変わらない場合、東京都では8月11日には新規感染者が5000人を超え、26日には1日1万6443人に上るという。

これは明らかに菅による人災である。さっさと議員をやめて法の裁きを受けるべきだ。

▼2021年8月14日
日本をバカにし歴史を冒涜するアベスガの非人道性を問え

広島市の平和記念公園で開催された「広島市原爆死没者慰霊式・平和祈念式」のあいさつで菅義偉が事前に用意した原稿の一部を読み飛ばした（8月6日）。

読み飛ばしたのは「（核兵器のない）世界の実現に向けて力を尽くしますと世界に発信しました。わが国は、核兵器の非人道性をどの国よりもよく理解する唯一の戦争被爆国であり、『核兵器のない世界』の実現に向けた努力を着実に積み重ねていくことが重要です」といったくだり。

さらには「広島市」を「ひろまし」、「原爆」を「げんぱつ」と読み違え、訂正する場面もあった。

事前に用意された原稿すらまともに読めないのなら、何のために存在しているのか。知恵も回らなければ、舌も回らない。これなら先日生産が一時停止になったロボットのペッパー君が総理大臣をやったほうがまし。

その後、菅周辺は原稿がのりでくっついて剥がれなかったことが原因と無理のある言い訳を始めたが、仮にそれが事実だとしても、話の筋が通っていないのだから普通は変だと気づくだろうし、原稿がくっついていたなら剥がせばいいだけの話。

要するに菅は、日本および日本人を完全にバカにしているのだ。日本語が苦手なくせに事前に原稿の確認もせず、文章の内容すら理解していなかった。理解していたら「ひろまし」などという言葉が出てくるはずもない。

菅は官房長官時代に沖縄の苦難の歴史を語った翁長雄志《おながたけし》知事に対し「私は戦後生まれなので、歴史を持ち出されたら困る」と言い放った。こんな理屈が通じるなら、国会議員の大多数は戦後生まれなのだから歴史を知らなくていいということになる。

菅の足りない頭の中では「原爆投下なんて遠い昔のことだからどうでもいい」くらいの感覚なのだろう。

長崎市の平和公園で開かれた平和祈念式典に参列した菅は読み飛ばしをしなかったが、それがニュース記事になっていた。幼稚園児ではあるまいし、文章をきちんと読めたことが報道される総理大臣は前代未聞だろう。

広島や長崎では菅と同じく安倍晋三も使い回しの原稿をたどたどしく読んでいた。安倍はポツダム宣言と原爆投下の時系列さえ理解していなかったが、こうした連中が権力を握っていることがそもそも歴史の冒涜なのである。

「核兵器の非人道性」以前に、こいつらの非人道性を問うべきだ。

本書は2019年1月から2021年8月上旬まで「日刊ゲンダイ」に掲載された「それでもバカとは戦え」から主要原稿を抜粋し、加筆・修正してまとめたものです。

おわりに

社会をよくするためには時間と努力が必要だが、悪くするのは簡単である。そして歴史を振り返ればわかるように、悪くなった社会を正常に戻すのは難しい。腐敗した社会はさらに腐敗していくものだ。

スペインの哲学者オルテガ・イ・ガセットは《過去は、われわれが何をしなければならないかは教えないが、われわれが何を避けねばならないかは教えてくれるのである》（『大衆の反逆』）と言った。

要するに、歴史に学ばない人間が社会を壊すのだ。

避けねばならないことを繰り返してきたのが平成の30年間だった。特に政権中枢に国家の役割を軽視する新自由主義者が寄生したことにより、構造改革が横行し、大衆誘導とプロパガンダの政治が発生した。

社会は分断され、ナショナリズムは衰退し、国家は完全に機能不全に陥った。その象徴が、汚辱と恥辱と腐敗にまみれた２０２１年の東京五輪だった。

多くの人間は手遅れになった後に「なんとかしなければ」と叫びだす。しかし、世の中には取り返しがつかないことが存在するのだ。

　オルテガは同書でこう述べる。

《つまり、彼ら（大衆）の最大の関心事は自分の安楽な生活でありながら、その実、その安楽な生活の根拠には連帯責任を感じていないのである。彼らは、文明の利点の中に、非常な努力と細心の注意をもってして初めて維持しうる奇跡的な発明と構築とを見てとらないのだから、自分たちの役割は、それらを、あたかも生得的な権利ででもあるかのごとく、断固として要求することのみあると信じるのである。飢饉が原因の暴動では、一般大衆はパンを求めるのが普通だが、なんとそのためにパン屋を破壊するというのが彼らの普通のやり方なのである。この例は、今日の大衆が、彼らをはぐくんでくれる文明に対してとる、いっそう広範で複雑な態度の象徴的な例といえよう》

　われわれは自分たちの生存の根幹を破壊してきた。

　本書は、こうした社会の末路をスケッチしたものである。

　なお、基本的に敬称は省略させていただきました。

適菜　収

適菜 収（てきな・おさむ）

1975年生まれ。作家。近著に中野剛志氏との共著『思想の免疫力 賢者はいかにして危機を乗り越えたか』（KKベストセラーズ）、『コロナと無責任な人たち』（祥伝社新書）。『ミシマの警告 保守を偽装するB層の害毒』、『小林秀雄の警告 近代はなぜ暴走したのか？』（以上、講談社＋α新書）など著書40冊以上。メルマガ「適菜収のメールマガジン」も継続中。
詳細は（https://foomii.com/00171）へ。

それでもバカとは戦《たたか》え

2021年9月30日　第1刷発行

著者　適《てき》菜《な》　収《おさむ》

発行者　寺田俊治

発行所　株式会社 日刊現代
東京都中央区新川1-3-17　新川三幸ビル
郵便番号　104-8007
電話　03-5244-9600

発売所　株式会社 講談社
東京都文京区音羽2-12-21
郵便番号　112-8001
電話　03-5395-3606

印刷所／製本所　中央精版印刷株式会社

表紙・本文デザイン／DTP　スタジオS

ISBN 978- 4-06-525931-3